# 2021
# 最美教师

中共中央宣传部宣传教育局 编

学习出版社

图书在版编目（CIP）数据

2021最美教师 / 中共中央宣传部宣传教育局编. -- 北京：学习出版社，2023.3
ISBN 978-7-5147-1168-4

Ⅰ. ①2… Ⅱ. ①中… Ⅲ. ①优秀教师－先进事迹－中国 Ⅳ. ①K825.46

中国版本图书馆CIP数据核字(2022)第148775号

## 2021最美教师
### 2021 ZUIMEI JIAOSHI

中共中央宣传部宣传教育局　编

责任编辑：朱仕娣
技术编辑：胡　啸

出版发行：学习出版社
　　　　　北京市崇外大街11号新成文化大厦B座11层（100062）
　　　　　010-66063020　010-66061634　010-66061646
网　　址：http://www.xuexiph.cn
经　　销：新华书店
印　　刷：北京新华印刷有限公司

开　　本：710毫米×1000毫米　1/16
印　　张：13.75
字　　数：154千字
版次印次：2023年3月第1版　2023年3月第1次印刷
书　　号：ISBN 978-7-5147-1168-4
定　　价：45.00元

如有印装错误请与本社联系调换，电话：010-67081356

# 前 言

在第三十七个教师节到来之际,中央宣传部、教育部联合发布2021年全国"最美教师"先进事迹,向全国广大教师和教育工作者致以崇高敬意。他们是:北京师范大学教授肖向荣、湖南科技大学教授万步炎、福建农林大学教授林占熺、渤海船舶职业学院副教授万荣春、江西省电子信息工程学校教师赖勋忠、华东师范大学第一附属中学教师陈明青、陕西省安康中学教师张莎莎、黑龙江省漠河市北极镇中心校校长马建国、西藏自治区那曲市特殊教育学校教师次仁拉姆、广东省广州市番禺区北城幼儿园教师王隽枫。滇西支教团队荣获年度"最美教师"团队。

这些"最美教师"都是来自教育一线的教师。他们中既有用文艺讲好中国故事的艺术领域教师,也有培养能工巧匠、大国工匠的职教教师;既有奋战在乡村振兴一线的乡村教师和支教教师代表,也有致力于攻克"卡脖子"难题的领军人才教师典型;既有为特殊儿童构建完整世界的

"老师妈妈"，也有出自幼教世家，培育祖国花朵的辛勤园丁；既有扎根家乡投身教育的公费师范生，也有汇聚彩云之南照亮滇西教育之光的支教团队……他们涵盖了高教、职教、基教、幼教、特教等各级各类教育，师德表现和教书育人实绩突出、事迹感人，具有广泛的代表性和示范性，充分展示了教师队伍有理想信念、有道德情操、有扎实学识、有仁爱之心的良好精神风貌。

为深入学习习近平总书记关于教育的重要论述，认真落实习近平总书记教师节给全国高校黄大年式教师团队代表重要回信精神，发掘宣传基层优秀教师典型，展示广大教师时代风采，弘扬尊师重教良好风尚，我们组织编写了本书。进一步讲好"最美教师"扎根讲台默默奉献，生动诠释对教师这一职业的崇敬之情，把满腔热情和全部精力献给教育事业的生动故事，激励全体教师学习最美、争当最美，用爱点亮学生的人生道路，用信念传承人类的厚重文明，引导广大教师以赤诚之心、奉献之心、仁爱之心投身教育事业，成为学生为学、为事、为人的"大先生"。在全党全社会大力弘扬尊师重教的社会风尚，推动形成优秀人才竞相从教、广大教师尽展其才、好老师不断涌现的良好局面，为加快推进教育现代化、办好人民满意的教育、培养德智体美劳全面发展的社会主义建设者和接班人作出更大贡献。

# 目 录 contents

## 肖向荣

舞蹈与生活　守正与创新 …………………………………002

他把艺术变为学生的热爱 ……………………………………007
　　——记 2021 年 "最美教师" 肖向荣

总导演肖向荣：庆祝大会人民视角国家叙事，
　　共同构筑 "同心圆" ………………………………………013

## 万步炎

钻研在大洋深处 ………………………………………………022

"海牛"项目组首席科学家、"最美教师"万步炎：
　　深海科研挑战极限 …………………………………………027

万步炎："最美教师"让"海牛"更牛 …………………………031

## 林占熺

桃李遍天下　技术播五洲 …………………………036

"菌草之父"林占熺：拳拳寸草心　浓浓报国情 …………042

真正的富有，是让千千万万农民富起来 ……………046
——国家菌草工程技术研究中心首席科学家林占熺的菌草人生

## 万荣春

守望教育初心　实干攻坚克难 ………………………054

万荣春："大国工匠之师"是这样锻造的 ……………060

愿为灯塔　照亮"职教生"前行之路 ………………064

## 赖勋忠

在平凡的岗位上发光发热 ……………………………072

"最美教师"赖勋忠：锻造职教学子自信人生 ………079

工匠之师 …………………………………………………082
——记2021年"最美教师"、江西省电子信息工程
　学校教授级讲师赖勋忠

## 陈明青

让思政课成为一道亮丽的风景 ………………………088

融汇多学科　讲好思政课 ……………………………091
——记2021年"最美教师"陈明青

"网红思政老师"陈明青把思政课做成育人的大事业 ……098

# 目 录

## 张莎莎

教书育人践初心　铿锵玫瑰绽芳华 …………………… 112

张莎莎：做乐教、适教、善教的新一代"筑梦人" ………… 118

"长大后我就成了你" …………………………………… 122
　　——记 2021 年"最美教师"张莎莎

## 马建国

立足最北学校　践行教育初心 …………………………… 128

做学生心里的"北极星" …………………………………… 133
　　——记"最美教师"马建国

"最偏远的地方最需要教育坚守" ………………………… 137
　　——重访中国最北学校黑龙江省漠河市北极镇中心校

## 次仁拉姆

安之若素　静候陌上花开 ………………………………… 146

高原上的"垦荒者" ………………………………………… 153
　　——访 2021 年"最美教师"次仁拉姆

"世界屋脊"上的特教追梦人 ……………………………… 160
　　——专访西藏自治区那曲市特殊教育学校校长次仁拉姆

## 王隽枫

幼教世家　传承力量 ……………………………………… 168

2021 年度全国"最美教师"出炉　唯一当选幼师是
　咱湖北老乡 …………………………………………… 173

广州番禺区幼儿教师王隽枫入选
　　2021年全国"最美教师" ……………………………………176

## 滇西支教团队

汇聚彩云之南　照亮滇西教育之光 …………………………180

大山深处奏响教育合作凯歌 ……………………………………191
　　——江苏海安和云南宁蒗的32年教育结对之路

久久为功育桃李　八方支援见真情 ……………………………202
　　——记2021年"最美教师"滇西支教团队

## 视频·链接

中央宣传部、教育部发布2021年"最美教师"
　　先进事迹 ………………………………………………………208

# 肖向荣

## 最美 2021 教师
## ZUIMEI JIAOSHI

# 舞蹈与生活　守正与创新

肖向荣，现任北京师范大学艺术与传媒学院院长、北京师范大学艺术与科技融合创新中心主任、中国艺术教育促进会理事、全国艺术专业学位研究生教育指导委员会副主任委员、中国舞蹈家协会理事、澳门国际艺术节艺术顾问、中国文联粤港澳文艺创新特聘专家等。

## 坚守文艺创作一线，长期服务国家重大需求

从 2008 年至今，肖向荣一直从事我国重大庆典活动的创意、策划及导演工作。他曾担任庆祝中国共产党成立 100 周年大会天安门广场活动总导演，大型情景史诗《伟大征程》核心主创导演，庆祝新中国成立 70 周年天安门群众游行活动总导演，庆祝澳门回归祖国 20 周年《濠江情》演出晚会总导演，G20 杭州峰会开幕式核心主创、室内版执行总导演，庆祝新中国成立 60 周年大型音乐舞蹈史诗《复兴之路》执行总导演，北京第二十九届夏季奥运会、残奥会开闭幕式策划及导演等。近 5 年来，肖向荣受到媒体的持续关注，被媒体

誉为大型活动导演界领军人物。

在新中国成立 70 周年群众游行活动集训期间，肖向荣每天往返 200 余公里奔波于多个现场之间。他组织开展了从创意编排、设计制作、训练落实直至呈现宣传的全程工作，每个方阵逐个推敲研究，编制策划文案、彩车设计、人员构成和点位布置、动作编排设计，确定服装道具及音视频配合相关工作。在此期间，肖向荣带领北京市导演团队和全体主创，召开了 200 多次有记录的会议，修改文本 100 万字，产生了 100 多页的脚本、70 多组彩车的方案、10 万多套（件）服装方案、10 万件道具方案。最终呈现了新时代群众游行活动的新风格，建构了新时代群众游行活动的新样式。习近平总书记充分肯定了庆祝活动的成果，指出这次庆祝活动是国之大典，气势恢弘、大度雍容、纲维有序、礼乐交融，充分展示了新中国成立 70 年来的辉煌成就，有力彰显了国威军威，极大振奋了民族精神，广泛激发了各方面力量。

在筹备庆祝中国共产党成立 100 周年大会广场活动的过程中，肖向荣坚决贯彻党中央决策部署，高标准谋划、高站位协调、高水平实施，以党的庆典、人民的节日为理念，保持着对社会、人民以及时代精神风貌敏锐的洞察力。活动的诸多细节与元素都在提示着全党不忘来时路，不忘初心使命，激励斗志，砥砺前行。开场经反复考量选择童声无伴唱《唱支山歌给党听》，这是庆祝大会广场活动的重要切口，因为用人民的视角与人民的语境表达对中国共产党无限的热爱，非《唱支山歌给党听》莫属。事实证明了肖向荣总导演的艺术判断与艺术敏锐度，通过歌曲将人民对中国共产党无限热爱的情感层层递进，使现场的氛围推向最高点。习近平总书记指出，庆祝活动盛大庄严、气势恢宏，礼序乾坤、乐和天地，充分体现了仪式感、参与感、现代感，办出了中国风格、中国气派、中国风采，起到了统一思想、凝聚力量、振奋人心、鼓舞士气的作用，完全达到了预期目的。

在国家任务面前，肖向荣始终保持着一名共产党员坚守职责的敬业精神以及甘于奉献的本心。2019 年，他将原本应授予自己的先进个人称号主动让给了年轻导演。凭借自身坚定的政治素质、淡泊名利的态度、独到的艺术见解和艺术判断，肖向荣一次次卓越地完成使命。

## 创新实践教学，培养艺术教育后备军

作为北京师范大学的一名教师，肖向荣始终坚持党的教育方针，秉承着"课比天大"的原则，坚持一线教学。立足教书育人岗位，他在每学年开设舞蹈专业必修、选修及艺术通识课程，包括本科生、硕士生与外系选修研究生。

依托创作者和教育者的双重身份，开展知行合一的创新实践教学，肖向荣坚持将讲台建立在舞台上、把课堂带到实践现场，通过开展特色教学课程与舞台实践，培养学生多维度视角和艺术创作的能力。通过多种多样的一线实践，所带 2017 届研究生王婷已成为庆祝中国共产党成立 100 周年大会天安门广场活动的发令员。

作为舞蹈学科带头人，肖向荣开创开放式教学理念，通过开展特色教学课程与丰富的剧场交流实践，践行国家"走出去、请进来"的指导方针，将北京师范大学舞蹈系建设成为高质量舞蹈学科；创建北京师范大学青年舞团、创立国际创意舞蹈研讨会、中国拉班研究中心等实践交流平台，带领舞蹈学科走向国际舞台，先后在欧洲、澳洲、美国以及亚太地区建立舞蹈高校联盟，学术影响力辐射十几所海外院校、几十所国内重要院校与院团。

秉承着为国家培养艺术教育后备军的信念，肖向荣致力于创意教育及创意人才培养，从不断的创作与反思中，形成一套独特的守正与创新相统一的艺术教育新理念。2021年，肖向荣荣获中宣部、教育部共同授予的"最美教师"称号。

## 坚持知行合一，创新艺术理念

从2000年入职北京师范大学以来，肖向荣从讲台到舞台不断实践、不断突破，主持多项国家级、市级课题项目，发表多篇教育类论文，始终走在艺术实践与学术理论的最前沿。

◆ 肖向荣在庆祝中国共产党成立100周年大型情景史诗《伟大征程》排练现场

立足于北京师范大学百年名校的文化积淀和学科优势，从舞蹈艺术出发，肖向荣最早实践性使用多媒体技术进行身体与剧场空间的探索，塑造了具有强烈风格、独特美学的当代艺术作品，如当代舞剧《冼星海》、大型鼓乐剧《杨门女将》、舞蹈诗剧《海子》。打通艺术与技术的边界，通过汲取前沿科技成果实现舞台空间美学的现代性突破，塑造全新舞台艺术格局。肖向荣还深刻践行习近平总书记提出的文化自信，通过艺术创作中敏锐的捕捉能力，不断感知并持续汲取经验，先后受到美国、澳大利亚、法国、韩国等国家一流艺术节的邀请，创作了一系列优秀作品。

肖向荣基于国家提出的文化与科技融合及新文科建设需求，积极拓展艺术与科技融合方向的开创性研究工作，成立北京师范大学艺术与科技融合创新中心，聚焦跨领域研究，为艺术家和科技工作者提供学科前沿支撑和发展实践平台，为粤港澳大湾区建设输送力量。

坚持知行合一，通过坚持创作与理论的同步创新，在不断创作新作品的过程中总结经验，肖向荣持续研究中华文化在现代的守正与创新。他主持开展北京市社科基金重大项目《新时代国家庆典文化与北京城市形象创新研究》，在历史与现实的维度上，在政治与文化的关联中，将实践中孕育形成的创新理念和实践，总结提炼为国家庆典层面的学术成果和文化创新属性，为现代国家庆典活动的创新实践起到积极的引领示范作用。

在艺术创作与实践中，肖向荣坚持讲好中国故事，不断创新艺术理念，在文化中的艺术与艺术中的文化里彰显中国力量。

教育部教师工作司供稿

# 他把艺术变为学生的热爱

## ——记 2021 年"最美教师"肖向荣

◎ 靳晓燕　黄小雨

他是庆祝中国共产党成立 100 周年天安门广场活动总导演，他是庆祝新中国成立 70 周年天安门群众游行活动总导演，他还是一名大学教师。他就是北京师范大学艺术与传媒学院院长肖向荣。

荣获 2021 年"最美教师"称号，从幕后走向台前，肖向荣表示："做老师必须要有时间的积淀，要不断更新自己的知识，和时代、和学生共同成长。这真的是一个非常神圣、崇高的职业，超越了所有的功利和现实。"

### 创作，是美好的时刻

他的课一般安排在晚上。

"进入创作的第一步就是瞬间捕捉。舞蹈的开始取决于你思维的起步。群舞怎么开始？哪段是你们想要的开头？有没有进入到群？

什么是结尾？谁能决定什么是真正的结尾？"

"准备、灯亮、开始。"

"走、3、停……"

2021年9月7日晚6点，肖向荣出现在北师大舞蹈系209舞蹈教室，他要给大三学生开启《群舞创作法》课程。教室是一间训练厅，没有桌椅。学生们被分成两组，各自用自己的理解呈现老师称之为"李佳怡的猜想"的创作舞蹈。

《群舞创作法》课程不是单纯的舞蹈训练，也不是单纯的理论训练。学生们被分成导演组和表演组，肖向荣按自己的节奏喊"停"，然后追问，从一个问题引到另一个问题，再引申到更多问题。学生们思考回答，他再梳理明确，间或传来学生们随性的回答和笑声。

他要求学生们做笔记。一段表演下来，学生们又会散坐在地上，记录下这堂课的关键之处。一位同学记录下他听到的重要词语：体态、重心、微表情、开放性思考、尝试。

"上课，不要背套路，每一堂舞蹈课都是新的。"这是肖向荣在课堂一再提及的。抛掉顾虑和束缚，记住"自己才是这个游戏的主角"。每一处节奏的处理，每个动作的出处，怎样保持新鲜的内心世界，怎样打破已经固化的动作，这些都能带给舞者最美好的时刻。

"一位大学的艺术教师，上课与创作是不能割裂的。"肖向荣坚信，无论是民间舞、芭蕾舞老师还是古典舞老师都要创作，无论创作的好与坏都是在培养创造性思维。

创作、求新或许是一种刻在骨子里的信仰，这也让艺术与传媒学院师生走得更远——参与国家重要的大型文艺活动，站在了天安门、国家大剧院、鸟巢，站在了欧洲、美洲、澳洲的舞台上。

对肖向荣而言，站在学校操场开学典礼的他与站在舞蹈教室中间的他，没有差别。作为老师，他面对的多数是学生。2021年9月6日，作为教师代表，作为庆祝中国共产党成立100周年大会天安门广场活动的总导演、鸟巢文艺演出《伟大征程》的核心主创导演，他分享了现场参加庆祝大会的震撼与感动，也让学生理解了"北师大英文名是Beijing Normal University，'normal'实际上是一个法语词，不是代表'正常'，而是'标准'的意思。师范其实意味着一个标准"。他和学生交流时说："北京师范大学是我国第一所师范大学，我们要用这种方式不断地去设定标杆。"

## 舞蹈是舞蹈，诗是舞蹈，文学是舞蹈

"愿不愿意来北师大正式入职？"20多年前，肖向荣从北京舞蹈学院编导系毕业，正值北师大准备筹建舞蹈系。原本只是作为代课老师的他，接到了当时系主任周星老师的一个电话。

从此，他正式成为一名教师。最初，一周下来40多节课。现在，他依然给本科生、研究生、全校师生上课。他也更深层次地思考北师大的舞蹈系与其他院校的舞蹈系有什么不同，北师大舞蹈系培养的学生又和专业的舞蹈院校学生有何区别。

北师大舞蹈系的学生会自称"有文化的舞者"。在招生简章里，会有这样的要求：舞蹈作品分析，考查学生舞蹈艺术常识和文字表述能力，字数不低于800字。

每一年迎新，肖向荣总会广而告之：舞蹈是我们最基本的底色，也是进入社会的第一张名片，其应具有历史文化审美背景，在这里希望你们成为一个完整的自己。会读书、会跳舞，做一个复合型人才。

于是，有了"经典文本研读计划"读书分享会。

于是，学生在展示自己舞蹈作业时会顺带做一下注脚：身体解放变成的层层线条，看似流畅却不流畅，舒展且麻木。"不是所有的线条都是平滑的。"想要寻找其中的"刺"，要通过不断试验。

在他的课堂上，舞蹈是舞蹈，李白的诗是舞蹈，鲁迅的《呐喊》也是舞蹈。"一方面，培养他们对身体、空间的敏感，基本形体的协调；另一方面，让更多人通过这个平台知道舞蹈很有趣，舞蹈没他们想象中的那么简单，它有深深的文化内涵在里面。"

肖向荣习惯把最鲜活的案例和世界潮流的前沿内容分享传递给学生，在他看来一流大学就要有一流的知识体系，只了解过去对艺术创作来说是远远不够的。国际舞蹈大师班、校际联合公演、专家讲座、论文发表会、圆桌讨论会这样的学术研讨应充实于课堂之外。

"北师大的艺术教育，它应是普及型的，尤其在今天这个时代，当中国人民站起来、富起来、强起来，还得美起来。"肖向荣要用更好的方法、教学教育服务更多的人，培养更多的人。

## 现场，检验日常的教学

10多年间，从2008年北京奥运会、残奥会开闭幕式，到中华人民共和国成立60周年大型音乐舞蹈史诗《复兴之路》，2016年G20杭州峰会文艺晚会，到中华人民共和国成立70周年天安门群众游行活动，再到庆祝中国共产党成立100周年大会天安门广场活动，在用艺术讲好国家故事的同时，每一个重要的节点也都影响着肖向荣的创作理念，丰富着他的教学实践。

"这是一个非常好的良性循环，每次接到国家任务或者一些大型活动任务，出去创作一段时间再回到校园，会让我的课堂更加充实。通过课堂跟活力满满的学生们互动，也能激发出一些新的想法。"

"26号方阵出来的时候，色彩的张力和年轻人的活力一下子出来了：师生代表们挥舞着校旗，簇拥着彩车，在青春的歌声中奔跑。"新中国成立70周年天安门群众游行活动中，26号"立德树人"方阵是首都教育系统承担的重要任务之一。

方阵中这个动作的设计，源于他对师大学子排演过程中一次偶然的观察：一天，肖向荣站在北师大艺术楼的舞蹈室里，望见同学们坐在西操场的草坪上非常认真地重复每一个动作，一张张生动而又投入的青春面庞瞬间激发了他的灵感。

平日里肖向荣思考如何创作，回到课堂教学，肖向荣和学生们互动，然后再出去创作，再回到课堂。

现场，又成为用国家标准检验日常教学的最佳之地，也是学生学习的最佳之地。"不再是隔着一层皮，他们面对的是最好的艺术家，看他们如何争论，看到作品是怎么失败的，又如何被捡起，重新被加工成为一种精彩。这种实践是独树一帜的，学生们的导演思维就这样慢慢培养起来了。"

无论到哪儿，肖向荣都带一本书。"看书就像给大脑按摩一样，大部头的书，读着读着大脑就放松下来了。"不经意间，他爱诗歌、爱文学的爱好也传染给了学生。

肖向荣很早就关注美的教育。"由身体审美到心灵审美的养成教育是整个国民教育中不可或缺的一部分。"他认为，舞蹈首先是审美，尤其儿童舞蹈，要看到这个时代少年儿童的风貌、气质。孩子通过舞蹈提升了审美功能，知道不同民族、不同文化背景的身体美，这比扳腿、下腰、翻筋斗重要。因之，他主张要以孩子的眼光发现他们对艺术的好奇心和探索心，鼓励孩子各美其美，达到美美与共。

"唯有热爱，才能坚守。"对舞蹈，对教师职业，肖向荣都是如此。因而，他也乐意接受生活充满戏剧性的挑战，抛开一切俗套陈规，走在自己选择的大路上。

《光明日报》2021年9月13日

# 总导演肖向荣：
# 庆祝大会人民视角国家叙事，共同构筑"同心圆"

◎ 张漫子　郭沛然　祁晨露

伴随 10 万羽和平鸽飞向天空，天安门广场化身一片欢乐的海洋。举国欢腾之中，庆祝中国共产党成立 100 周年大会成功举办，网友们接力向祖国、向百年大党表白致敬。

如何在国家叙事中找到人民的共情共鸣点？庆祝大会广场活动实现了哪些"首次"？记者就此专访了北京师范大学艺术与传媒学院院长、庆祝大会广场活动总导演、大型情景史诗《伟大征程》执行导演肖向荣。

## 百年盛典突破诸多"首次"

2021 年 7 月 1 日清晨，雨后的天安门广场，朝霞穿透云层，金光缕缕。天籁般的女声清唱，划过天空。礼炮、献词、合唱、放飞……7万余人汇集在天安门广场，欢庆党的盛典、人民的节日。

伴随天安门广场上的"巍巍巨轮"响起雄壮浑厚的汽笛声，100声礼炮响彻云霄；广场东西两侧，100面红旗迎风招展；从人民英雄纪念碑到国旗杆，国旗护卫队铿锵走过……

电视机前，数以亿计的观众为这场庆祝大会的"最高规格"所震撼。

作为国之大典，这是新中国成立以来庆祝大会第一次从人民大会堂等室内场馆，移步天安门广场召开。"这个信号彰显了党绝对的自信：希望与人民在一起，回顾中国共产党的百年风华，昭告世界'中国共产党是怎样的一个政党'。"肖向荣表示。

这也是国之大典第一次采用献词表白的方式，让人民群众充分表达对党的爱戴与祝愿。"站在广场上，自下而上，面向天安门城楼直抒胸臆、表达感情，此前从没有过。"肖向荣回忆。

这份直抒胸臆、精准表白的献词不足千字，执笔者池浚准备了120天，百易其稿，从10万字素材提炼而来。"每个人对党都有说不完的话，表达不完的感情。"肖向荣说。

天安门广场化身为一艘"巍巍巨轮"，也实属首次。

广场设座席7万余个，左右间隔0.75米、前后间隔1米，整体呈梯级布局，每一位与会人员都成为"巨轮"的像素。

以U形的黄色地毯勾勒出"巨轮"的轮廓；中间橙色、黄色的座席区域则构成了"巨轮"的船身；外侧深蓝、浅蓝和绿色的座席区域以抽象化的弧线，高度概括出"巨轮"启航时"乘风破浪、扬帆远航"的意象。

一条红毯从天安门沿中轴线向南延伸，连接起了天安门、长安街与广场，一直到人民英雄纪念碑，寓意要铭记革命先烈的奋斗历程，不忘百年征程的筚路蓝缕，书写中华民族千秋伟业。红毯两侧有黄色的"海浪纹"镶边，突出"巨轮"行驶过程中的波澜壮阔、乘风破浪、勇往直前。

不论是合唱队、军乐团、献词团，还是构成"巍巍巨轮"的每一个像素，他们不仅是暖场活动的演职人员，更是庆祝大会的参与者，百年历史的见证者、倾听者、响应者。

"这场庆典不是一场游行，不是简单的文艺演出，而是一次极具历史意义和仪式感的大会。"这一定位是半年来肖向荣反复与团队强调的。

肖向荣说，不论是庆祝大会，还是晚上的文艺演出，贯穿始终的主题只有一个：从人民的视角，向党表达自己的心声。

"我们的合唱、献词，以及最后的《国际歌》和《歌唱祖国》环节，都是从人民的视角感恩共产党这100年为我们做的一切。这也是党、国家与人民共同的默契，是沐浴在共同信仰下的自豪与感激。"肖向荣说。

## 写意之笔铺陈百年画卷

100年前，一叶红船从嘉兴南湖驶出，一个民族开启救亡图存的征途。今天，一艘巍巍巨轮，载着14亿多人民的中国梦，乘风破浪，扬帆远航。

"100年间，中国发生了史诗般的变化。中国共产党的奋斗成长史就是一部革命史，兼容并包、追求卓越、奋进不止的革命品格一

◆ 肖向荣在庆祝中国共产党成立100周年大会天安门广场活动工作现场

直延续到今天。"如何将革命精神、信仰底色融入百年画卷？这是肖向荣自2021年1月7日接到任务起就冥思苦想的问题。

肖向荣觉得，这幅百年画卷最重要的是营造一种神圣感。

历经百年风雨洗礼，在人民心中树起纪念中国共产党的丰碑，燃起党"胸怀千秋伟业"升腾不息的精神火炬，是这次庆祝活动的目标。肖向荣团队在广场活动的流程、布置和用色上，每一个细节都做了精心打磨，力图呈现党为中国人民谋幸福、为中华民族谋复兴的使命感与亿万人民真心拥护党的神圣感。

导演组提前制作了一个极为详尽、精确的时间流程表，每一个动作都精确到秒。为了确保千人献词方阵整齐划一、庄严感十足，时间点上不允许有任何差池。

为了确保万无一失，合唱团的学生指挥每天训练12个小时、挥拍2万次。根据要求，合唱开始前，站在指挥台上的芦雅晨要与另一名同学同时挥出第一拍，为广场的歌声海洋按下启动键。在那个瞬间的绝对默契，要靠无数次的刻意训练来实现。为此，芦雅晨与同伴每天形影不离、保持同呼吸同行动，直到实现在不目视对方的情况下依然实现动作的整齐划一。

"最终表演时，献词部分的时长计划是5分半，我们现场达到了5分29秒58，就是这么精准。"肖向荣说。

视觉方面，天安门广场上光彩夺目的"巍巍巨轮"，用黄色地毯勾勒出轮廓，外侧用深蓝、浅蓝和绿色的座椅形成海浪纹路，从城楼上俯瞰，呈现出以红色、黄色、绿色为主色调，劈波斩浪、行稳致远的巨轮形象，奠定了庄严肃穆的基调。

这幅百年画卷的第二层基调是温暖感。中国共产党走过100年，人民对其有怎样的表白？"我们希望这些心声传递温暖、质朴，充满深情。"肖向荣说。

肖向荣直言："这种规格的盛典容易开成'狂热'的大会，但我始终觉得，应当在温暖的基础上，以奋进、理智、真挚的情感去推动大会的完成。"

关于如何暖场，导演组讨论了许久。"我们希望通过暖场把观众的情绪点燃，让大家在润物无声中感受到党的百年变化。"肖向荣说。

因此，在暖场形式的确定阶段，肖向荣选择了合唱这一艺术形式。"歌曲是一个温暖的、暖心的形式，能够唱出人民对共产党的深情，能够起到烘托氛围、营造氛围和调动氛围的作用。最终我们选择了无伴奏合唱，第一首曲目为《唱支山歌给党听》，开宗明义地表达亿万人民对党的深情。"

当《唱支山歌给党听》熟悉而又明亮的旋律响起，合唱团温暖而纯净的声音穿越时空，熟悉的旋律与唱词勾起了无数人时代的记忆和情感，万名群众在共情、共振、共鸣中齐声唱和。一个"十万群众同唱一首歌、万众一心跟党走"的动人故事缓缓展开。

第三层基调是真情实感，这也是庆祝大会全员的行动指南。

在筹备之初，导演组就确定了一个理念：庆祝大会的高潮和核心是习近平总书记发表重要讲话，其他流程无须过度渲染，无须太多文艺表演。"真实表达、真唱真做，这个很重要。所以我们要做的就是'去表演化'。"

"第一首歌，我们选择了童声无伴奏合唱。而且我们坚持真唱。为党庆生，怎么可能录音假唱呢？"肖向荣说。

然而，在偌大的广场，不论是无伴奏合唱的整齐和音准，还是4名领诵员与千人方阵配合的献词环节，都充满挑战。

"说话是最难的艺术，情绪和时间是很难拿捏的，录音与录唱确实能够保证大会流程严丝合缝，4人与千人怎么可能起在一个调上，有感情地朗诵？唱齐？所有人都说不可能。"但是，肖向荣及其团队誓要再创奇迹。

"我们反复训练，找到10个人做标兵。他们配合好后，录制一个模板，然后发给1000个人，让每一个人习惯这个节奏和语境，不断找到最好的节奏契合点。"肖向荣说。

作为4名领诵员中唯一的"科班出身"，负责第一句献词的冯琳，深谙朗诵技巧。而导演组对她的要求恰恰是"忘记技巧"。开始，她尝试了变换节奏、语调等各种方法，但这些却让她的朗诵不

"走心"。在指导老师的建议下，冯琳开始从党史学习中汲取力量，她反复观看《建党伟业》《建军大业》《夺冠》等影视作品，触摸党史的细节，才让真实情感的流露战胜了外在技巧的游走。

## 每一片段都是"时代诗篇"

从"南陈北李，相约建党"到开国大典，从改革开放的春雷响起到 2008 年北京奥运会火炬点燃……2021 年 7 月 1 日晚播出的庆祝建党百年文艺演出《伟大征程》，以一张张时代记忆中的中国面孔，带观众重温中国共产党百年来带领中国人民进行革命、建设、改革的恢宏长卷。

"一场情景史诗"，是肖向荣对这场文艺演出最精确的定位。"不止于歌舞，也不拘泥于领袖叙事，而是让这个时代里每位仁人志士都有台词，共同讲述出中国共产党的精神奋斗史，是这场文艺演出最大的价值。"

2 小时，100 年——意味着每个节目只有 3 到 5 分钟，有的重大事件甚至只有 1 分钟。单是晚会的第三个篇章，就要讲述改革开放、抗击非典、举办夏季奥运、"神七"上天等重大历史事件。时间如此之短，要用精准的艺术语言来诠释百年历史，凸显党的精神，无疑是巨大挑战。

"最合适的手法莫过于用诗意的表达解放观众的想象力。"在这一篇章中，肖向荣用一种大写意的方式，以高度凝练的叙事节奏，在 6 个节目中创造属于新时代观众的时代记忆点。

为了抓住改革开放大潮的特点，伴着《在希望的田野上》的旋律，舞台从绿色的田野幻化成蓝色的大海，继而在大海的浪涛中卷出"三中全会""小岗村""经济特区"等国家和个人命运相联系的历史事件。"与以往改革开放篇章不同，我们采用了意象化的现代舞，完全颠覆了以往的叙事逻辑。"肖向荣说。

那场被网友热议的"神来之雨"，来自第三篇章的情景舞蹈剧《党旗在我心中》。鸟巢里首次架起的180米长的大屏幕上浮现的画面，将观众瞬间带入中国共产党领导我们取得的一场场伟大胜利中。肖向荣没有对具象的人和故事做详尽描述，而是让一面党旗缓缓升起，迎风而立，指向天边的一道曙光。

"四周是漫山遍野的废墟，但只要有一面党旗升起来，就代表着生的希望。我想这是老百姓最朴素的心思，也是值得我们抓取的意向。"肖向荣说，这是空前的百年，是中国各族儿女凝心聚力、团结一心跟党走的岁月。我们要把这个时代最鲜明的视觉化影像语言，与现场呼应，激活观众想象。

于是，《走四方》《走进新时代》《江山》……一首首脍炙人口的歌曲，唱出春天的故事，致敬继往开来的领路人。汶川灾区重建、奥运火炬点燃、神舟七号发射……一段段珍贵的影像，见证青春中国的奋进，赢得观众满堂喝彩。

在欣赏完这两场视觉盛宴后，一名美国的朋友激动地对肖向荣说："这是只有中国人才能成就的'奇迹'。"肖向荣告诉他："要不是国家和人民共同的默契，要不是人民发自内心的拥护，这事干不成。这是人心所向，也是国家实力的象征。"

《新华每日电讯》2021年7月21日

# 万步炎

**最美教师**
**2021**
ZUIMEI JIAOSHI

# 钻研在大洋深处

## 矢志不渝、忠诚担当的报国情怀

20世纪90年代初，在日本工业技术院资源环境技术综合研究所进行深海采矿技术领域客座研究期间，万步炎谢绝日方的高薪挽留，毅然回国，投身祖国的怀抱。在他的人生词典里，"祖国"是分量最重的一个词语。怀着对海洋资源勘探事业的热爱，怀着对党和国家的忠诚，万步炎自觉把个人理想与祖国命运紧紧连在一起，当看到远洋科考船上主要设备都来自国外时，他首先想到的是：国家每一个落后于人的地方，就是自己努力的方向；当面对国家在海洋资源勘探领域的落后状况时，他如大海上与船只竞速的海豚一般，拼尽全力，奋力赶超；当国家海洋探矿尚未起步之时，他如同翱翔在大海的海鸟，不知疲倦，默默付出，执着坚守。为此，万步炎主持完成了多项具有国际领先水平、填补国内空白的高技术研究课题，为国家大洋事业作出了突出贡献。他表示，这么多年下来，心甘情愿、无怨无悔，"祖国需要就是神圣的召唤，就是伟大的使命"。

## 攻坚克难、勇于超越的创新精神

万步炎具有强烈的事业心和开拓创新的精神。他每天在实验室工作的时间常常超过10个小时，不分节假日，办公室及车间就是他的第二个家。从海底钻机创新性原理的提出，到钻机整体方案设计、控制系统开发与软件编程，再到元器件优选、布局与性能检测、测试实验等，每一个环节都倾注着他的心血。为了实现"海牛号"海底多用途钻机轻量化设计目标，他带领团队成员通过数月的反复试验和优化对比，不仅将"海牛号"钻机的总重量减小到8吨以下，而且大幅提高了钻机操作效率和可靠性。同时傻瓜式自动操作程序的引入使得钻机的操作变得更加高效、简便和可靠。在同行眼中，他是一位一心一意努力把一项科研事业做到极致的科学家。

在承接"海牛Ⅱ号"钻机项目之时，万步炎头上只有几丝白发，如今已是满头华发。每逢学校暑假，一年之中最难忍受的三伏天，万步炎每天都准时来到装配车间，在隆隆的机器轰鸣声中，仔细询问项目分管负责人项目进展情况。当了解到科研进展不顺、存在亟待解决的难题时，万步炎便会集思广益，与众人商量出最优的解决办法。当有人对方案还存在疑惑时，他总能耐心地加以引导和解释，直至对方豁然开朗。在面临困难和挑战时，他总能迎难而上、重视集体智慧，不仅给全体教师树立了榜样，也极大地影响着大家从事科研和教学的工作方式。

2021年，万步炎带领团队在海上进行项目验收，从国外进口的配套收放绞车系统中负责排缆的丝杠和传动机构发生严重损坏，这时自主研发的"海牛Ⅱ号"钻机正悬吊在离海底约 6 米的海水中，收，收不回来；放，放不下去。更为惊险的是，天气预报显示还有两天将有强台风经过这片海域，如果两天之内不能把钻机回收上船，为了保证船只和全船人员的安全，团队就只能砍断钻机脐带缆，把钻机丢弃在海底。在咨询国外厂家得到他们也无能为力的答复后，万步炎临危不乱，召集团队紧急研讨，最终根据船上仅有的条件商讨出了解决办法，并带领大家与时间赛跑，重新构建了一个临时排缆机构代替损坏的排缆机构，两天他睡了不足 5 个小时，在台风到来之前两小时，将钻机从海底完好无损回收回来。

## 传道授业、教书育人的使命担当

◆ 万步炎在液压升降梯上检查钻机

从事了多年深海资源开发研究的万步炎意识到这个领域既缺技术，更缺人才。2010 年，在事业正处于上升期的万步炎离开他所工作的长沙矿山研究院，走进了湖南科技大学，成为一名老师，将他的海洋梦想融入到教育之中。刚来校时，他所从事的海洋地质勘探专业在湖南科技大学乃至全国各高校基本上是空白，学生要从其他专业招。没有教材，他就自己动手编。从整体钻机的一个构思、创新性原理的提出，到控制系统的设计、软件的编程，再到关键零部件的选型等，万步炎都是亲力亲为。在学生的眼里，万步炎既是勇攀高峰的科学家，又是立德树人的好老师。他鼓励学生吃苦耐劳，将理论知识应用于实践之中，同时又在实践过程中丰富和发展理论知识，极大地提升学生的创新能力。当学生的课题遇到困难停滞不前时，他总是帮助他们一步一步分析问题，耐心地点拨和启发，找到解决问题的突破口和关键点。无论在哪里，不管有多忙，他对所带的学生总是悉心指导，用自己的知识为他们指点迷津。深海钻探，需要做大量的实验，每次海试，少则几个月，多则半年。为了更加充实学生的科考之路，他把课堂搬到了科考船上，甲板上、餐厅、宿舍都成了他的课堂。除了带好本专业的学生，他还结合自己科研创新实践和对外学术交流的经历，义务为全校师生作励志报告，引导学生将个人价值与国家前途命运紧密联系在一起，为国家创新发展战略服务、为中华民族伟大复兴作出更大的贡献。10余年来，他带领着学生，一项项技术攻关，一个个关键部件突破，在深海钻机系统领域取得一个又一个令人瞩目的成绩。作为一代海牛人，他决心和他的学生们一起在蓝色的大海中潜得更深、钻得更深，为国家海洋事业奋斗终身。

## 淡泊名利、无私奉献的人生态度

对于自己的家人，万步炎满怀愧疚。由于一心扑在工作上，常年加班加点，再加上长达数月的出海任务，万步炎经常见不着儿子，平日和儿子的沟通交流较少，陪伴儿子的时间也不多，感觉儿子全靠妻子拉扯长大，使儿子缺少了成长期所需要的父爱，特别是孩子生病时，他因工作不能陪伴在旁，心里很不是滋味，只好辛苦妻子忙里忙外，这让他感到愧疚，儿子也只能通过在地图上用五角星标出他所在的地方来表达对他的思念。他对妻子同样缺少陪伴。2018 年万步炎妻子生病需要手术，恰逢他出海参加我国首次环球科考，负责完成为期数月的海洋资源科考任务，因此妻子住院期间也没能给予一天的照料。对于父母，万步炎也时常不能在双亲身边尽孝，2016 年 6 月万步炎父亲去世，而此时的他正在某海域负责开展海底资源勘探任务，由于时间紧任务重，万步炎连续数月一直在海上，老父亲临终时都未能送上一程，这对万步炎来说，是一个深深的遗憾。

教育部教师工作司供稿

# "海牛"项目组首席科学家、"最美教师"万步炎：深海科研挑战极限

◎ 闫伊乔

2021年4月，湖南科技大学主持研发的"海牛Ⅱ号"——海底大孔深保压取芯钻机系统在超2000米深水成功下钻231米，一举刷新了世界深海海底钻机钻探深度，使得我国在该领域达到世界领先水平。

我国深海钻机技术的每一次进步都离不开一个人——"海牛"项目组首席科学家、我国第一台深海钻机发明人、湖南科技大学教授万步炎。

## "落后于人的地方，就是我努力的方向"

万步炎介绍，海底低温高压、地形复杂、海水导电性和腐蚀性强，要想在如此恶劣的环境下获取深海矿产资源样本，海底钻机成为近年来海洋地质勘探所必备的装备。

原本从事陆地矿产勘探的万步炎教授，笑称自己是"半路下海"。1999年，万步炎第一次登上远洋科考船时，发现船上几乎所有装备，小到样品管，大到取样器、地质绞车，都是"洋品牌"。"落后于人的地方，就是我努力的方向。"他下定决心一定要研制出我国自己的深海钻探设备。

万步炎带着湖南人身上那股"吃得苦，霸得蛮"的精神，用4年的时间自学了海洋环境、机械设计、电子控制、计算机软件等知识。2003年8月，万步炎与团队研制的第一台深海浅地层岩芯取样钻机诞生，在海底下钻0.7米并成功取样，开启了我国深海勘探的新篇章。十几年里，团队研制的钻机越钻越深。

每次考察，他几乎把所有时间都用在技术研发上，实在累了，便在甲板上找个矿泉水瓶当枕头休息。"科考船一天的运营费用很高，时间金钱都等不起啊！"多年来，他带领团队潜心钻研，像海底钻机的钻头一样，钻透一切困难。

## "失败与成功只有一步之遥，就看能不能坚持住"

2021年4月7日，"海牛Ⅱ号"在南海2066米深海底成功下钻231米，创造了世界深海海底钻机钻探深度新纪录，标志着中国在海底钻机技术领域成为领跑者。

然而，就在海试成功的前两天，万步炎团队遭遇了前所未有的考验。

用于科考船和海底之间下放和回收"海牛Ⅱ号"的脐带缆绞车，

出发前突然系统崩溃，导致"海牛Ⅱ号"无法回收到水面科考船甲板。卫星云图显示，两天后台风就会经过试验海域，留给万步炎团队的时间只有48个小时，如果不能及时将设备回收，就不得不砍断脐带缆，将"海牛Ⅱ号"丢弃在汪洋大海中。

万步炎和团队反复讨论，最后决定利用现场设备、备件临时搭建一个液压系统，将原绞车损坏的部分替换掉。经过近40个小时的奋战，最终在台风来临前两个小时，将设备安全回收。

"做科研，失败与成功只有一步之遥，就看能不能坚持住，敢不敢冒险。"万步炎说。

## "我想挑战深海钻探极限"

"万老师不仅是我的老师，也是战友、伙伴。"金永平博士是万步炎来到湖南科技大学后的第一个学生。"他总是手把手地教我们设计、编程、安装、测量……"金永平说。

对于万步炎来说，研究"海牛"和培养学生一直是并行的。"海洋就是我和学生的教室。"万步炎说。

"每次出海，万老师都会给我们开讲座。"在金永平的话语中，记者看到了万步炎的另一面：知晓天文地理知识，热爱运动，会拉小提琴……

团队里，不论学历高低、能力大小，大家都是平等的。只有高中文凭的技工王案生1993年起就跟万步炎一起工作，湖南科技大学邀请团队来校时，王案生的学历并不符合规定，万步炎一次次争取，最终学校破格将王案生录用。

成员们家里遇到困难，万步炎挤出时间也要关心问候，但对于自己家人，他却常常无法及时关心。每次出海，儿子就将父亲发回邮件显示的地理位置用五角星进行标注，这成了父子俩一种特殊的情感交流方式。

　　在已经取得的成绩面前，万步炎显得很平静。对他来说，深不可测的海底还在等他探索。"目前，全世界没有任何一台钻机可以在水深超过8000米的地方进行工作，我想挑战深海钻探极限。"万步炎说。

《人民日报》2021年9月15日

# 万步炎："最美教师"让"海牛"更牛

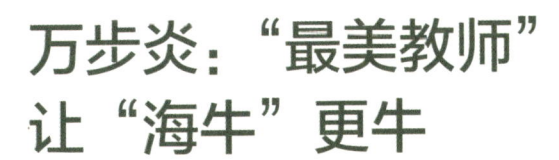

◎ 石祯专

## "别人'卡脖子'，我们要闯出'新路子'"

1992年，万步炎赴日本工作学习，从事海洋采矿技术研究。"在日本，我深深感受到我国海洋技术落后于人，深海资源开发技术几乎是空白，更深切体会到西方对我国的技术封锁、西方和日本科学家在我们面前的傲慢。"万步炎说，当时一位日本同事对他说："你很优秀，可惜你们国家海洋技术研究整体实力不行。"从那时起，万步炎就暗下决心，一定要赶超外国人。为此，他拒绝了日本人的高薪挽留，回国投身深海资源开发技术的研发。

万步炎所研究的海底钻机技术，正是西方国家对我国进行封锁的"卡脖子"技术，"被逼无奈，我们不得不自主研发，努力闯出新路子。我带着团队一切从零开始，落后国外数十年，一项项关键技术攻关，一个个关键部件突破，海底钻探深度从不到1米，到2米、

5米、20米、60米，再到目前领先世界的231米，非常不容易。"万步炎表示。

已从事多年深海资源开发研究的万步炎意识到这个领域既缺技术，更缺人才。2010年，万步炎进入湖南科技大学，将他的海洋梦融入教育。海洋地质勘探是一个特殊的专业，万步炎用20多年海上经验编写了第一份教案。吃苦耐劳成为他给学生们上的第一堂必修课。

## "创新无止境，要让'海牛'更牛"

2003年，万步炎率团队研制出我国首台深海浅层岩芯取样钻机并海试成功，第二年即投入我国大规模大洋资源调查使用。为满足发展需求，他和团队又研发了世界首台具备"一次下水多次取芯"

◆ 万步炎下达海上钻探作业指令

功能的富钴结壳专用钻机，国内首台采用光纤通信和3300伏高压供电的海底钻机，国内首台采用快速旋转卡盘钻杆快速接卸技术的深海20中深孔岩芯取样钻机，国内首台采用全自动绳索取芯技术和孔内原位测孔技术的"海牛号"海底60米多用途钻机。2021年4月，万步炎团队迎来了"海牛Ⅱ号"，深海钻探达到231米，刷新了世界纪录。目前，已取得125件国家专利，4件国际发明专利。

"我可以非常自豪地说，我们钻机的所有关键技术都是我们自主研发，没有照抄国外的技术。目前'海牛Ⅱ号'钻机不仅性能领先世界，在自动控制、作业效率、操作维护便利性、作业成本等方面也都全面优于国外最新钻机。我们要不断通过技术创新，让'海牛'更牛。"万步炎说。

"国家受制于人的地方就是我努力的方向，海洋梦就是我的中国梦，作为一代'海牛人'我会和学生一起在蔚蓝的大海中潜得更深、钻得更深，为国家海洋事业奋斗终身。"万步炎说。

《长沙晚报》2021年9月20日

林占熺

最美
2021 ZUIMEI
教师 JIAOSHI

# 桃李遍天下　技术播五洲

林占熺，现任国家菌草工程技术研究中心首席科学家、菌草综合开发利用技术国家地方联合工程研究中心主任、联合国菌草技术项目首席顾问、福建农林大学博士生导师。他数十年如一日奋战在科研和教学培训一线，把菌草技术推广至全国31个省（区、市）的500多个县（市、区），并传播到全球106个国家，为保护生态环境、科技扶贫与技术援外作出特殊贡献。他的足迹踏遍千山万水，他的学生广布五洲四洋，在国内外赢得了高度赞誉。

## 创新路上敢为先

林占熺白手起家、因陋就简、攻坚克难，于1986年成功发明菌草技术，有效破解"菌林矛盾"的世界难题，开创了菌草研究新兴交叉学科，开辟了菌草新兴产业和菌草生态治理新路径。这一发明先后获第二十届日内瓦国际发明展金奖和日内瓦政府奖、第八十五届巴黎国际发明展法国内政部国土整治规划部奖。国际专业评委对菌草技术的评价是"为人类提供优质菇类食品和为畜牧业提供优质饲料开辟了最合理最经济的新途径",是"国土整治和开发非常适用技术"。联合国粮农组织专家考察后认为,"在新世纪,运用菌草技术发展菌草业将成为发展中国家保护生态环境、增加就业、消除贫困的重要途径"。30多年来,他推动菌草技术不断创新发展,从以草代木栽培食药用菌扩展到生态治理、菌草菌物饲料和生物质能源与材料开发等领域,形成系列综合配套的技术体系。目前已选育出49种菌草,可栽培54种食药用菌。系统选育的菌草具有生长快、产量高、根系发达、适应性强、营养价值高等特点,可用作菌料、饲料、肥料、生物质材料、生物质能源原料,实现了一草多用、综合利用、循环利用。菌草也因此被国内外誉为"致富草""幸福草""太阳草""中国草"。2001年在时任福建省省长习近平关心批示下组建的菌草科学实验室如今已创建成为3个国家级科技创新平台,正在引领世界菌草科学技术创新未来发展。

## 科技扶贫勇向前

30多年来,林占熺义无反顾地投身到科技扶贫事业,奋斗足迹踏遍全国老少边穷地区,为脱贫攻坚作出了无私奉献。1990—1995年,菌草技术先后被列为国家级星火计划重中之重项目和技术扶贫首选项目。据统计,仅福建省5年间累计菌草栽培食用菌示范生产12.39亿筒(袋),增加产值22.46亿元,节约阔叶树木材51.26万立方米,增加就业49万人,取得了显著的经济、社会和生态效益。从1997年开始,菌草技术先后被列为闽宁对口协作、福建省智力援疆、科技援藏、帮扶黔西南项目。其中,闽宁对口帮扶菌草项目在宁夏自治区5市15个县实施，到2011年，据扶贫部门统计，累计新增产值2.669亿元，增加就业2.28万人，培训菇农4.85万多人次，受益农户1.75万户；菇农年均收入6000多元，最高收入10万元。为了推广菌草技术，林占熺48次走进宁夏。菌草技术帮扶宁夏模式被国务院扶贫办选为扶贫案例。

## 生态治理辟新途

30多年来，林占熺利用这一技术治理大地山川的梦想与脚步从未停歇。从菌草草种的选育到综合利用可持续发展，他都把生态效益摆在突出位置。他率科研团队先后在福建、西藏、新疆、贵州等地和沿黄河9省区，开展利用菌草治理水土流失、治理荒漠、防沙固沙、治理盐碱地、治理石漠化、治理砒砂岩、修复矿山、滨海防风固沙的系列试验示范，攻克了一个个世界难题，取得了系列国际领先成果。1989年起，他在南方红壤区福建尤溪、长汀、连城等地种植菌草进行水土流失治理试验示范成效显著。2011年开始，他在海拔3067米的西藏林芝地区（今林芝市）米林县里龙乡甲邦村流动沙丘进行种植菌草治理流沙试验与示范。西藏林芝地区（今林芝市）两次组织有关专家对菌草治沙关键技术研究进行评审验收，认为对我国高海拔湿润区的零星沙地治理和高效开发具有重要意义。2013年以来，林占熺率领团队连续9年在我国四大沙尘暴发源地之一的内蒙古阿拉善乌兰布和沙漠东缘黄河沿岸开展种植菌草防沙治沙试验示范，有关院士专家连续对项目进行现场勘察，认为该研究处于国际领先水平，为黄河流域生态治理开辟了新的途径。林占熺长期坚持在最艰苦的地方扎根搞科研，战风沙、斗严寒，舍小家、为大家，付出了常人难以想象的艰辛，作出了忘我无私的奉献。2017年，他获中国生态英雄称号。

## 技术援外结硕果

1994年，菌草技术入选南南合作项目，被联合国开发计划署列为"中国与其他发展中国家优先合作项目"，同年被外经贸部列为援助发展中国家技术培训项目。1997年起菌草技术先后被列为我国援助巴布亚新几内亚、卢旺达、莱索托、南非、斐济、厄立特里亚等国项目。30年来，林占熺不辱使命、勇担重任，用智慧和心血谱写了一曲曲感人肺腑的国际菌草之歌。1997年，林占熺率专家组赴巴布亚新几内亚东高地省实施菌草技术项目，他在异常艰苦的环境下开展工作，克服重重困难，实现当地食用菌栽培"零"的突破，当地居民迅速掀起了一股"中国热"。菌草技术项目成功实施并在坚持一个中国原则斗争中发挥积极作用，还促成福建省与巴新东高地省结为友好省。2018年，习近平总书记访问巴新前夕在巴新主流媒体发表署名文章，盛赞中巴两国这一段历史佳话。2021年11月19日，习近平总书记在北京出席第三次"一带一路"建设座谈会并发表重要讲话。座谈会上习近平总书记忆起20多年前一件往事。在福建工作期间，习近平同志接待了来访的巴布亚新几内亚东高地省省长拉法纳玛，"我向他介绍了菌草技术，这位省长一听很感兴趣。我就派《山海情》里的那个林占熺去了"。在南非，南非总统办公室调研后得出结论：菌草项目是南非影响最大、扶贫效果最好的项目，是中南合作的典范。在卢旺达，林占熺主持中国援卢旺达农业示范中心项目建设，菌草技术快速改变了当地菇类生产模式，成为破解当地发展难题的突破口和新路径，菌草菇产品销售到乌干达、布隆迪、刚果（金）等周边国家。在斐济，林占熺率领专家组攻克斐济气温偏高不利菌菇生长等难题，成功生产出菌草菇，结束了斐济不能生产食药用菌的历史。同时，引进菌草饲料生产设备，推动当地畜牧业发展，为南太平洋海岛国发展高产、优质、高效、生态、安全的三物农业树立了样板。2019年，菌草技术被列入《楠迪宣言》，作为重点科技项目在南太岛国进行推广。在中非共和国，总统图瓦德拉盛赞菌草技术是一项具有革命性的技术，2019年，他亲自为林占熺颁授中非共和国国家感恩指挥军官勋章。除主持援外项目外，林占熺还承担举办国际培训班和招收留学生为各国培养技术人才的任

◆ 林占熺在贵州黔西南晴隆县指导贫困农户菌草栽培竹荪

务。迄今已举办菌草技术国际技术培训班298期，为106个国家培训12008名学员。在他培养的119名硕博士研究生中，有26人来自11个国家，他们成为菌草技术和中外友谊的参与者、见证者、传播者。2017年，菌草技术被列为"中国—联合国和平与发展基金"重点推进项目向全球推广，成为"一带一路"和构建人类命运共同体的典范，为国际减贫事业和落实2030年可持续发展议程贡献了中国智慧和中国方案。2021年9月2日，习近平主席在向菌草援外20周年暨助力可持续发展国际合作论坛致贺信中提到，"使菌草技术成为造福广大发展中国家人民的'幸福草'！"

林占熺先后获全国扶贫状元、全国星火标兵、1986—2000年全国科技扶贫杰出贡献奖、全国东西扶贫协作先进个人、福建省人民政府一等功、福建省科学技术大会特别奖、商务部援外奉献奖银奖、全国扶贫开发先进个人、中国生态英雄等荣誉。2017年获全国脱贫攻坚贡献奖。2021年2月，林占熺获评全国脱贫攻坚先进个人，是闽宁协作援宁群体"时代楷模"的杰出代表；7月，荣获全国优秀共产党员表彰。所带领的党支部于2016年被中共中央授予先进基层党组织称号。

教育部教师工作司供稿

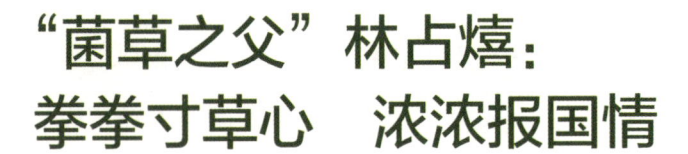

# "菌草之父"林占熺：
# 拳拳寸草心　浓浓报国情

◎ 顾钱江　林　超

福建农林大学国家菌草工程技术研究中心首席科学家林占熺习惯性地掏出手机，看了看备忘录，上面写着"今天距打赢脱贫攻坚战还有436天，距建党100周年还有618天"。

"时间很紧迫，备忘录里定下倒计时，为的是提醒自己加油干。"林占熺说，他心中有两个重要时间节点：希望菌草产业帮助深度贫困地区脱贫，为2020年全国脱贫攻坚战取得最后胜利献礼；希望用菌草在黄河沿岸建起千里生态屏障，为2021年党的百年华诞献礼。

在一般人眼里，草是平凡甚至渺小的，但林占熺发明的菌草技术，使得草不仅可以养菇致富，治理风沙，还可以用来发电、造纸。不仅如此，菌草还成为全球反贫困的"奇兵"，为广大发展中国家带去可持续发展的希望。76岁的林占熺至今活跃在一线，风尘仆仆地到沙漠荒滩、黄河沿岸、非洲大陆等地推广菌草技术。

"国家扶贫，匹夫有责。"这是林占熺现在的口头禅，也是他发明和推广菌草技术 30 多年执着生涯的缩影。20 世纪 80 年代，福建农民大量消耗木材生产香菇、木耳等食用菌，"菌林矛盾"日益突出，林占熺忧心忡忡，开始尝试用草来代替木头养菇。林占熺用简陋的设备埋头苦干，在 1986 年终于成功地发明了菌草技术，后获得日内瓦国际发明展大奖。

如今，林占熺已筛选、培育菌草 45 种，适宜用菌草栽培的食药用菌种类 54 种。菌草技术也从最早的"以草代木"养菌，拓展到菌草生态治理、菌草菌物饲料、生物质能源与新材料开发等领域。

"菌草已成为一门草学与微生物学的新兴交叉学科。"林占熺感慨地说，"草是人类生存发展的重要原料，菌草目前主要用于农业，今后它更重要的应用是在工业上。"

20 世纪 90 年代后期，福建对口帮扶宁夏脱贫，这也是中国东西部省份扶贫协作的开端。林占熺带着菌草到宁夏帮助农民种菇致富。从那时起，菌草技术被推广至全国 31 个省份 500 多个县区，成千上万农民增加了收入，林占熺也先后获得全国扶贫状元、全国脱贫攻坚贡献奖。

1997 年，林占熺团队又远赴太平洋岛国巴布亚新几内亚，在东高地省推广菌草技术。那时当地大部分地区还处于刀耕火种的原始部落阶段，困难重重，甚至有生命危险，但林占熺带领的中国菌草推广团队没有退却，他们因陋就简，因地制宜，使菌草落地生根。

"我们很快利用当地野生菌草栽培出了各种食用菌，宣告成功的时候，当地开了 5000 多人参加的庆祝大会，升起五星红旗，奏响了《义勇军进行曲》。"林占熺自豪地说。

从此，巴新人民将菌草称作"中国草"或"林草"，以此表达对林占熺团队的感激之情。被称为"巴新菌草第一人"的布莱恩·瓦义说，"菌草迷"们有的自己改名叫菌草，有的用菌草给儿女命名，以寄托对生活的美好憧憬。他儿子的全名就叫菌草·瓦义。

中非、卢旺达……林占熺团队已将菌草技术推广至106个国家，菌草成了很多发展中国家的民生工程、扶贫工程、生态工程。菌草中心举办了202期国际培训班，帮助100多个国家的7800多名学员掌握了这项中国技术。

第七十三届联合国大会主席玛丽亚·费尔南达·埃斯皮诺萨说，菌草在世界各地对那些最可能落在后面的人——农民、妇女、儿童和残疾人的生活改善产生了影响，"它绝不是无缘无故被称为'神奇之草'"。

菌草帮助世界上的许多人找到了致富的门路，林占熺自己却没有用它去赚大钱。

"如果走个人发财的路，自己成了亿万富翁也不算什么，我觉得用技术帮助老百姓摆脱贫困，才是生命最大的价值。"林占熺说。在福建农林大学的国家菌草技术中心，一块大理石上镌刻着"发展菌草业，造福全人类"。

古稀之年的林占熺壮心不已，他发起了新的挑战——生态治沙。在气候恶劣的乌兰布和沙漠，他们种下的菌草在6次"死而复生"之后，终于制服了流沙，沙漠"长"出了绿洲。林占熺激动地说："这么恶劣的环境下都能成功，在其他地方也一定能推广开来。"

2019年9月，内蒙古阿拉善菌草治沙基地的试验结果显示，菌草成功固定了沙丘，且鲜草亩产量平均达15吨，一亩地产出近4500元。

"菌草技术填补了黄河流域种植多年生菌草的空白,为在黄河全流域建立菌草绿色生态屏障开辟了新途径。"中国治沙暨沙业学会副秘书长张团员说。

国家菌草技术中心的会议室没有什么装饰,墙上一幅中国地图很是显眼,上面用一个个红五星标记的,是沿黄河省份的菌草示范种植基地。

这是林占熺的菌草治黄作战地图。

但他说自己并不是将军,而是士兵。"我是一个还没有过河的卒子,但即使过了河,也只会向前。"林占熺说。

新华社福州 2019 年 10 月 22 日电

# 真正的富有，
# 是让千千万万农民富起来

## ——国家菌草工程技术研究中心首席科学家林占熺的菌草人生

◎ 高建进

走进生机盎然、绿意浓浓的福建农林大学，来到校内的菌草园，"发展菌草业、造福全人类"的牌子，让人眼前一亮。77岁的林占熺依然是这里最忙碌的人。这位全国十大扶贫状元与菌草结缘已有50个年头，而他的菌草扶贫之路也走过了33年的历程。

作为一名知识分子、一名科技工作者，他的扶贫之路极不平凡。"扶贫扶出一个领域，扶贫扶出一个产业，扶贫扶出一个学科。这就是我的扶贫之路，也是我的菌草人生。"林占熺对记者说。

### 从泥土里"长出来"的初心

坐在办公桌前，身材敦实、脸庞黝黑的林占熺看上去是一位充满田野与阳光味道的长者。透过数十年扶贫岁月刻在他身上的痕迹，记者对这位国家菌草工程技术研究中心首席科学家的敬意油然而生。"在扶贫路上，我只是一个小兵。过河的卒子不回头，要一直往前走！"林占熺的话就像他培育出的菌草，实实在在、充满朝气。

是什么驱使着这位"过河的卒子"，在山区、在海岛，在神州大地最艰苦的地方、在五洲四海最贫困的角落里，摸爬滚打半辈子而无怨无悔？"对扶贫事业如此执着，是因为我小时候对贫困的体会太深了！"林占熺这样诉说自己的初心。

林占熺出生在福建连城县一个贫苦农民家庭。光脚丫上学、地瓜片充饥的童年时光，使他对山区的贫困生活刻骨铭心。农村的一草一木、农民的艰辛，从小在他的心里留下了难以磨灭的记忆。早在小学读书的时候，他就知道米丘林把苹果北移而使农民获得收获的故事。他希望自己以后也能像米丘林那样为人民作出贡献。因此，后来报考大学，林占熺所填的志愿全部都是农业院校。"我是农民的儿子，农民是我的衣食父母，我能为他们做点什么？"这个如同从泥土里长出的念头，经常萦绕在林占熺心中，挥之不去。

1970年10月，林占熺调到三明真菌研究所工作，从此开启了他的菌草人生。到了80年代，食用菌生产已成为农民脱贫致富的一条捷径。然而无论国内还是国外，当时它所采用的原料都离不开阔叶林、小麦、米糠，其间存在的"菌林矛盾""菌粮矛盾"是显而易见的。这两对矛盾不解决，食用菌生产就很难得到可持续发展。1984年，林占熺随福建科技扶贫考察团来到闽西山区长汀县。长汀是福建水土流失的重灾区。面对只长野草的荒山秃岭，林占熺认真思考：能不能变草为宝，以草代木栽培食用菌？

说干就干。当时一无实验场所，二缺科研资金，三少设备资料，林占熺就贷款5万元建起了第一个实验室，开始了艰难的研究历程。1986年10月，林占熺的野草栽培食用菌技术终于面世。这项食用菌生产新技术很快受到社会的重视，连续获得国际国内发明大奖。是用这项技术去办公司挣大钱，还是把技术推广到农村去，帮助农民脱贫致富？林占熺毫不犹豫选择了后者。"当时的福建省委书记项南曾对我说，'虽然你的这项技术能让自己成为千万甚至亿万富翁，但这不是真富有；只有让千千万万的农民都富裕起来，你才是真正的富有'。我永远记住了这句话。"林占熺说。

## 扶贫扶出新学科、新产业

从此，林占熺走上了一条以菌草技术为核心的扶贫之路。30多年来，他的足迹踏遍大江南北，到山区、海岛、老少边穷地区义务推广菌草技术，带动农民致富增收。福建尤溪县联合乡连云村是林占熺技术推广的第一站，林占熺手把手地教当地农民草栽食用菌技术。为打消大伙的顾虑，他公开承诺："赚钱归你，亏了我赔。"菌草技术终于帮助这个小山村彻底告别贫困。"一年脱贫、二年致富、三年盖新房、四年讨媳妇。"当地老百姓用这样的顺口溜来赞美林占熺"点草成金"。

星星之火，可以燎原。此后，菌草技术先后被福建省政府列入科技兴农计划、福建省对口帮扶宁夏项目、智力支援新疆项目，还被列为国家星火计划重中之重项目、中国扶贫基金会技术扶贫计划

# 林占熺

◆ 林占熺查看灵芝出芝情况

首选项目,并被联合国计划开发署列为我国与发展中国家优先合作项目。春去秋来,如今,菌草技术已在全国31个省(区、市)的500多个县(市、区)、全球100多个国家推广应用,林占熺也因此先后获得全国十大扶贫状元、全国脱贫攻坚奖贡献奖等荣誉。

林占熺从事菌草技术研究的30多年,是一个从破题到突破、从成熟到推广,不断深化拓展提升的过程,如今已逐步上升为系统的理论,涵盖种植栽培、畜牧养殖、水土流失治理、生物能源等多个领域;技术的应用也从单纯的推广向产业化发展方向迈进,由此开创了"菌草学"这门新型学科,催生了"菌草业"这一新型产业。

在林占熺的办公室里,挂着两张"作战地图",一张是中国地图,一张是世界地图,地图上满满地标上了红五星。"这些地方都是我们菌草扶贫的重点地区。"林占熺激动地站起身,在"作战地图"

前向记者一一解释每个重点项目。

"习近平总书记 2020 年 3 月 6 日在决战决胜脱贫攻坚座谈会上发表重要讲话,给我们带来巨大鼓舞与激励。越到最后越要紧绷脱贫攻坚这根弦,坚决打好这场硬仗。目前,我们主要把重点放在生态产业扶贫这一领域。"林占熺介绍,30 多年来,菌草技术在国内的应用推广经历了小农户推广、整村推进、区域发展、以生态建设引领产业发展 4 个阶段。党的十八大以来,菌草技术的推广进入了一个新的时期。随着我国生态文明建设成为国家战略,菌草技术的创新与推广发生了质的飞跃。目前,全国已先后建立 71 个各具特色的菌草生态循环产业示范基地,分布在福建、四川、湖南、海南、贵州、浙江、江西、内蒙古等地,成为我国各省(区、市)菌草产业科研成果的孵化器,以及集成、转化与辐射中心。

林占熺说,当前,已形成以生态建设为核心,以企业投资带动技术推广应用为特征的扶贫新格局:国家菌草中心和产业示范基地为国内外近百家企业提供相关技术支持和理论指导,在生态脆弱地区以产业投资带动生态建设,形成以菌草为核心的产业体系。"比如近年来,我们在贵州黔西南建立喀斯特石漠化区域菌草生态治理与产业发展示范基地,助力黔西南州建设'西部草都'和牛羊肉、食用菌生产供应基地,通过示范基地服务一批企业和农业合作社,开展精准扶贫,成效十分明显。"

"2020 年是决胜全面小康之年,生态脆弱地区是脱贫攻坚的主战场。我们要有敢啃硬骨头的精神。"林占熺说,2020 年,将在黔西南州种植巨菌草 25 万亩,发展食用菌栽培和养畜业,并进行石漠化治理。同时,将在黄河两岸及福建平潭、湄洲等海岛开展菌草生态治理；在新疆和田、喀什、塔城，西藏林芝、日喀则，陕西延安和甘肃定西等地进行生态扶贫。近日，林占熺所在的福建农林大学还与有关企业签订合作协议，依托国家菌草工程技术研究中心，探索菌草援外新机制，开展菌草业的长期国际战略合作，更好服务"一带一路"建设。

## 技术扶贫观：把技术门槛降得越低越好

始终不渝地坚持以农民为中心、以农户为导向，这位年近八旬的老"科技特派员"逐渐形成了自己的技术扶贫观：把扶贫技术的门槛降得越低越好。

菌草技术犹如"离离原上草"，只要一扎根，就有顽强的生命力。扶贫路上，林占熺始终把农民、农村、农业当作自己扎根的大地。"别人说他不像教授，因为他总是把自己的菌草技术简化再简化，以致被人诟病技术含量太低。"国家菌草工程技术研究中心有关负责人评价。

"要把论文写在祖国的大地上，写在农民的钱袋里。"这是林占熺最朴实的追求。为了让贫困地区的老百姓人人都能最快地掌握菌草技术，他把自己发明的技术一再简化，拆除一切技术壁垒，直到大家"一看就懂、一学就会、一做就成"。即使是最落后地区、最贫困群体，也都能因陋就简、因地制宜进行生产，实现千家万户参与、千家万户发展，大大提振了农户的自尊自信，激发了大家的积极性。如今，随着菌草产业的发展，他又亲手指导设计产业链，建立农户导向的利益分配机制，保障了农户是产业发展的最大受益者。

悠久深厚的农民情结,让林占熺永远站在农民的立场,瞄准脱贫攻坚最短板之处。到最贫困的地方去,到最艰苦的地方去,到生态最脆弱的地方去,到发展条件最差的地方去,开创出一条生态扶贫的崭新大道。为了扶贫攻坚,他跋山涉水,在全国500多个贫困县来回奔波劳累,几次差点付出生命的代价。"数十年的扶贫路,他失去一位亲人,断掉两条肋骨,让三代人受累,遭遇4次生命危险。"人们这样总结林占熺的扶贫历程。

用草种菇、用草养牧、用草发电、用草治沙……视草如命的林占熺,把自己的一个个梦想变为现实。30多年如一日,凭借着坚韧不拔的毅力和耕耘奉献的精神,简朴的他终于迎来今日的菌草青青,成为"真正最富有的人"。

《光明日报》2020年6月27日

万荣春

最美
2021 ZUIMEI
    JIAOSHI
教师

# 守望教育初心　实干攻坚克难

万荣春，浙江衢州人，2012年从上海交通大学材料学专业博士毕业，放弃去日本做博士后和大城市高薪就业的机会，来到东北老工业基地辽宁葫芦岛一所培养造船技术工人的职业院校——渤海船舶职业学院做了一名普通教师。

从名校的博士到职业院校普通教师，需要完成工作重心从科研到教学的转变。面对一群动手能力强，但没有良好学习基础和学习习惯的学生，如何让他们找到人生的目标，乐于学习，成为一道摆在他面前的难题。工科出身，没有经过教育教学方面的系统培训，没有多少教学经验的万荣春，至今仍然记得自己第一次上课的情景。万荣春课前做了充分的备课准备，上课前早早来到教室准备好教学用具等候学生，但第一节上完后感觉效果很差。他没有因此放弃，他深知作为教师，教学才是根本，并暗自下决心，既然能从上海交通大学博士毕业，也能上好课。从此，万荣春花费大量时间听老教师的课，和他们交流教学经验，全身心钻研教学工作，深入了解学生知识现状，努力调动学生学习积极性。万荣春对自己的讲授内容总是精益求精，从不照本宣科，为此他花费大量时间收集素材，认真分析、整理加工，经常提出有趣的问题来激发学生思考。此外，结合高职学生特点，为了让学生在课堂上尽量靠前坐，他采用"后排提问法"，利用上课提问环节提问后排同学，这样学生为了不被提问，出现了提前来教室占座的好现象。同时，还有"迟到时间扣分法""犯错交手机法"和"前1/3得优法"等新的课堂管理方法被创新出来，大大改善了课堂纪律，提升了学生学习热情和学习主动性。教书育人，教给学生的不光是知识，更是做人的道理。比如在专业课程讲授时，结合教学内容，致敬李薰、师昌绪等材料大师，学习他们爱国敢于担当的责任心。万荣春在传授技能的同时也注意培养他们的工匠精神，努力让每位同学意识到国家需要他们这样的人才，他们毕业以后主要面向工业的核心部分——装备制造业，更有不少人会参与到航母、核潜艇等大国重器的建造中，学生的未来同样可期。最终，通过自己的努力和同事的帮助，万荣春成长为学院的教学骨干。9年来，万荣春先后承担完成了《金属材料与热处理》等13门课程的教学任务，年平均约700教学学时。他还主持"基于移动互联网交互式高职'微课程'创新应用研究"等省级课改课题2项，主持院内课改课题4项，主持课程改革试点课程理实一体化课程《金相检验》，发表课改论文2篇。

在教学方面有所起色后，万荣春又发挥特长，坚持做好科研。科研条件不好是职业院校普遍存在的问题，从名校上海交大到普通的渤海船院，科研条件和科研氛围的落差，使最初的万荣春变得寂寞和迷茫。但这些只是暂时的，他很快调整好状态，不能做试验，他就整理以前上学的试验数据发表学术论文，没有试验设备就自己制作一些试验小装置。同时在交大老师的指导和帮助下，确定了超高强钢的延迟开裂评估作为研究方向。延迟开裂是一种脆性开裂，在开裂前没有明显的宏观塑性变形，也没有征兆，所以危害性极大。因此，一般在超高强钢使用前需要对其延迟开裂性能进行评价。目前，实验室所采用的加速型延迟开裂评价方法都存在不足，国内外学术界也没有统一公认的合理评价方法。通过查阅大量的文献资料，万荣春确定了弯梁试验和冲杯盐雾试验作为重点试验方向。从 2015 年到 2017 年做了大量的试验，其中弯梁试验时间超过 1000 小时，冲杯盐雾试验更是超过 1680 小时。通过大量的试验，万荣春发现，由于实验室加速试验中试样氢浓度一直处于过饱和状态，这与钢材实际应用环境条件有较大差别。在大气环境下，试样氢浓度处于较低水平，而且还会随着大气湿度、温度和成分的变化而变化。由于环境条件相差较大，导致实验室加速试验的结果可靠性较低。因此，万荣春决定开展大气环境下超高强钢延迟开裂寿命的研究，这是一个极其耗费时间的研究，一旦开始，可能需要三五年，甚至二三十年的时间。万荣春坚信这样的付出是值得的，一旦取得成功，就可以使超高强钢延迟开裂寿命评价从定性评价变成定量评价，意义重大。开展大气环境下超高强钢延迟开裂寿命的研究至今已经 4 年，目前确实发现与实验室加速试验结果有些差别，同时在超高强钢延迟开裂方面也取得了一些成果。

万荣春在自己成长的同时，也没忘记带领周围同事共同进步。他意识到科研团队和科研条件对青年教师科研能力提升的重要性，开始组建科研团队，带领青年教师改善学校科研和社会服务条件。2016 年 4 月，万荣春整合材料工程系现有资源，建立了先进高强钢应用技术研究中心及团队。2017 年 9 月，辽宁省"双高计划"项目启动阶段，万荣春凭借其详细的项目可行性报告和生动的演讲，令专家评委印象深刻，在众多项目中脱颖而出，项目金额由85万元追加到200万元。2018年1月，辽宁省"双高计划"项目处于关键申报阶段，建设方案和任务书需要修改，正在沈阳出差的他立即返校，通宵达旦地修改项目建设方案和任务书。2018年9月，辽宁省"双高计划"项目第一批资金到位，又涉及项目建设方案和任务书的修改，此时，万荣春岳母被查出癌症，家中还有两个儿子需要照顾，小儿子仅有两岁半，家中也是万般艰难。但在困难面前万荣春没有退缩，他白天尽心尽力做好工作，晚上尽心尽责照顾好家人，陪儿子睡着后继续干没有完成的工作，克服种种困难，继续前行。几个月下来，他出色地完成了建设方案和任务书的修改、设备采购申请、设备采购招标、设备验收等"双高计划"项目建设工作。2019年5月，渤海船院引进上海交通大学材料学院博士生导师单爱党教授及专家2名，建立材料专家工作站，大大补强先进材料应用技术协同创新中心科研软实力的短板，为将先进材料应用技术协同创新中心及团队建成辽西地区乃至辽宁地区有一定影响力的科研平台和团队提供了有力支撑。万荣春带领的教学创新团队由最初的8人发展到16人，团队培养出多名省级优秀人才，在读博士1人，博士后1人。青年教师科研能力明显提升，团队成员主持省级科研项目和技术服务项目明显增多。人才带动作用明显，团队建设成果显著。2019年，先进材料应用技术协同创新中心被评为国家级协同创新中心，并获批2019年度葫芦岛市重点研发科技计划项目。同年万荣春劳模创新工作室被授予葫芦岛市级劳模创新工作室称号。

尽管取得了一些成绩，万荣春没有丝毫懈怠。通过调研，他发现葫芦岛市有着雄厚的装备制造产业基础，拥有船舶制造、化工机械制造、石油化工、有色冶金等大型企业，船舶产业已成为全市主导产业和优势产业。但目前葫芦岛地区存在服务于装备制造产业的理化测试与无损检测行业规模普遍偏小，布局结构分散，重复建设严重，条块分割明显，缺乏第三方检测机构，但服务需求非常大等问题。于是，他和他的团队秉着有利于葫芦岛市经济发展和东北老工业基地振兴的信念，完成近1000页体系文件和相关资料的编写与整理工作，同时还完成了检测中心场地改造工作，最终在2020年11月19日，渤海船舶职业学院材料检测中心获得国家检验检测机构资质认定证书，成为葫芦岛地区首家通过CMA认证的金属材料类第三方检测机构。

在与学生有了更多的交流后，万荣春发现学校有一部分学生与周围的学生不太一样，这部分学生平常上课认真听讲，课后也愿意花时间学习，不想虚度大学3年的时间，有想法。然而高职院校这

◆ 万荣春指导学生创新

样的学习环境和学习氛围，会凸显出这部分学生的另类。为了给这部分学生提供一个学习的平台，他创立了创客空间社团，并借鉴在交大学习时的经历推出了高职 PRP 创新创业教育模式。在校高职学生参加研究计划是学校为使学生尽快接受科学研究的基础训练，有组织、有计划地让在校大学生参与课外科研项目的研究工作，从而培养大学生的创新精神和创业意识，提高大学生的创业就业能力。该模式的创新主要在于以科学项目研究为载体，以学生能力培养为中心，以"创客空间"社团和"三位一体"导师制（学业导师制、科研导师制与创业导师制）为学习组织形式。通过这种形式，万荣春带领学生做科研创新，参加创业大赛。坚持每周开例会，手把手教学生做试验，遇到问题亲自带领学生解决，还带领学生设计制作一些科研试验中的小装置，通过言传身教影响学生。在他的影响下有 1/3 的已毕业学生成功专升本，还有 1/3 的已毕业学生光荣加入中国共产党。更有一位同学通过自己的努力进入中科院金属研究所工作。目前，社团已形成学生负责管理检测中心所有实验室，学长带学弟的传帮带模式。创客空间社团多次被评为学院优秀社团，万荣春也多次被评为学院社团优秀指导教师。

职业教育已成为他一生的事业，他表示会一直在这条道路上努力前行，为东北老工业基地的振兴培养更多的高技能人才。

教育部教师工作司供稿

# 万荣春："大国工匠之师"是这样锻造的

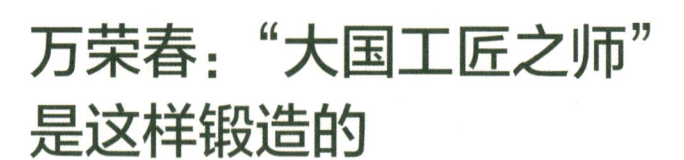

◎ 王　晨

9月10日，在第三十七个教师节到来之际，中央宣传部、教育部向全社会公开发布2021年"最美教师"先进事迹，两位职业院校教师入选，其中一位是渤海船舶职业学院材料工程系副教授万荣春。

2012年，31岁的万荣春从上海交通大学材料学专业博士毕业后来到辽宁省葫芦岛市，成为渤海船舶职业学院的一名教师。

上海交大的博士去职业院校当老师？一开始，亲戚朋友有些不理解。

然而，这里也曾辉煌过：葫芦岛市是我国老牌工业基地，也是我国三大造船基地之一，渤海船舶职业学院是一所以培养船舶工业高素质技能型专门人才为主的高等职业学院，而万荣春所在的材料工程系的焊接和质检两个专业方向，就是服务于海洋的大国重器。

"我觉得职业院校应该有博士。我希望能给职业教育带来一些新的东西。"万荣春说。

但是，刚入职时，由于学校缺乏实验设备和像样的实验室，他感到很失落。

他也曾经有过迷茫：面对动手能力强，但缺乏良好学习基础和学习习惯的学生，如何让他们找到人生的目标，乐于学习，曾是摆在万荣春面前的难题。

万荣春至今仍然记得第一次上课的情景：尽管作了充分准备，上课前早早来到教室准备好教学用具，但上完第一节课，他还是感觉效果不理想，课上互动不强，学生对知识的理解也不深刻。

万荣春没有忘记自己来到这里的初衷：要在这个条件艰苦的地方扎下根来，让这所有着光辉历史的老校焕发出新的生机。

"作为教师，教学才是根本，虽然我们学生的基础不好，但是不能放弃他们。"从此，万荣春花费大量时间收集素材，认真分析加工，提出有趣的问题来激发学生思考。

结合高职学生特点，他采用"后排提问法"，目的是让学生在课堂上尽量靠前坐。

"学生们为了不被提问，纷纷提前到教室前排占座。"万荣春笑着说，他还采用"迟到时间扣分法""犯错交手机法""前1/3得优法"等课堂管理方法，提升学生学习热情。

为了提高学生的专业能力，万荣春借鉴研究生导师制的培养模式，成立了创客空间社团，带领学生搞学术研究，让职业院校的学生体验到研究生的学术氛围。在新模式下，理论基础相对薄弱的学生能力得到明显提升。

"万老师带给我一些专业方面的知识、技能和工作的思维。"刘家良是社团的第一届社员。和万荣春一起做科研的经历，帮助他进入中国科学院金属研究所工作。

近几年，万荣春申请获批了国家级协同创新中心，成立了专家工作站，为学生提供了更多科研条件。他还借鉴在上海交大的学习经历，推出高职PRP创新创业教育模式。

在校高职学生参加研究计划是学校为使学生尽快接受科学研究的基础训练，让在校学生参与课外科研项目的研究，培养学生的创新精神和创业意识。

万荣春介绍，该模式的创新之处在于以创客空间社团和"三位一体"导师制（学业导师制、科研导师制与创业导师制）的学习组织形式，带领同学们创新创业。

"我坚持每周开例会的制度，手把手教学生做试验，遇到问题就亲自带领学生解决问题，还带领他们设计制作一些科研试验中的小装置。"万荣春介绍，参加该社团的已毕业学生中，有1/3成功专升本。目前，已有6届学生参与PRP，社团学生获辽宁省"挑战杯"竞赛和全国高等职业院校"发明杯"大学生创新创业大赛三等奖4项，辽宁省"互联网"大学生创新创业大赛银奖1项。

9年来，万荣春先后承担《金属材料与热处理》等13门课程的教学任务，年平均约700教学学时，主持省级课改课题两项，院内课改课题4项，主持完成学院改革示范课程《金相检验》，发表课改论文两篇。2020年，他还获得辽宁省职业教育与继续教育教学成果奖二等奖。

"在传授技能的同时，我注意培养学生们的工匠精神，让他们意识到国家需要这样的人才，他们毕业以后主要面向工业的核心部分——装备制造业，不少人会参与到大国重器的建造中，他们的未来同样可期。"在万荣春看来，教书育人，不光要教学生知识，更要教做人。

因此，他经常给学生们讲述李薰、师昌绪等材料科学大师的成长经历、爱国之心和敢于担当的责任心。

万荣春培养出的学生越来越受到用人单位的欢迎，在海洋、航空航天等多个领域的不同岗位发挥着重要作用。

这名 80 后的博士在职业院校教师的岗位上，为培养更多高素质的大国工匠贡献力量。

"一路走来，我并不后悔，职业教育已成为我一生的事业，我会在这条道路上一直努力前行。"万荣春表示。

《中国青年报》2021 年 9 月 14 日

# 愿为灯塔　照亮"职教生"前行之路

◎ 于杏林

研发多项专利，屡获创新创业大赛奖项，半数以上进入国企、央企从事质检等工作……在万荣春的带领下，渤海船舶职业学院材料工程系学生满怀自信，投入铸造大国重器、服务社会建设的事业之中。

"职业院校的学生要学会寻找能发挥自我潜能的道路，我希望他们可以沉下心、稳得住，对自己的人生负责，为社会建设尽责。"从上海交通大学博士，到职业院校教师，再到获得2021年"最美教师"称号，万荣春植根渤海船舶职业学院，为铸造大国重器培养高技能人才。一路走来，他甘当灯塔，为渤海船舶职业学院师生照亮前行之路。

## 树立自信"千万不要妄自菲薄，职业学院学生也可以走出自己的路"

观察钢板的开裂情况，是汽车钢板弯梁延迟开裂试验的一项重要工作，这要求试验者时刻关注试验进程，以确定准确的开裂时间，分析具体的开裂条件。为节省人力，提高试验精度，万荣春设想在试验设备中加入自动监测装置，以便精确记录弯梁受力变化情况。他绘制设备改造草图，向学生解释试验原理，提供操作建议，交由学生开拓思维、自行改造。经学生们不懈努力，在多次试错之后终于改造出"一种汽车钢板弯梁延迟开裂试验自动监测装置"，并成功申请专利。

研发科研专利对职业学院的学生来说极为不易，在职业院校，不少学生长期不自信，学习兴致不高。万荣春在新生入学之初就鼓励学生："不要因为自己是职业学院的学生就妄自菲薄，只要肯努力，你也可以取得成功。"为帮助学生树立自信，万荣春创建了创客空间社团，带领学生进行科学实验，为学生提供交流与提高的平台，让学生长见识、开眼界。

"职业院校的学生动手能力很强，也不缺乏创造力，作为老师，我要做的就是帮助他们把想象力释放出来。"对学生，万荣春始终坚持鼓励和引导，他还与创客空间社团的学生共同努力，取得了"一种高硬度低塑性板材拉伸试验卡具""一种拉伸实验机腐蚀介质下拉伸样品卡装装置"等多项专利。

"大学生应该学会自由发展，自觉学习。"万荣春注重拓展学生自由发展的空间。创新创业大赛是创客社团成员一展身手的机会，选题、分工、搜集材料、撰写策划、宣讲、答辩等环节均由学生自行组织，万荣春负责总体把控。在进行"基于'互联网+'的云端监测"方案策划时，团队成员对这一创意能否落地缺乏信心，万荣春为大家分析这一选题的实际意义和研究现状，打消了众人的顾虑。"万老师还是我们的啦啦队长。"负责宣传工作的罗佳旺介绍，"在比赛的关键时刻，万老师鼓励我们说，'我们有最好的团队、最好的宣讲、最好的答辩，一定能取得不错的成绩。'我们一下就不紧张了。"不负众望，此次项目在第七届辽宁省"互联网+"创新创业大赛中获得银奖。

而今，"自信""坚定"成了万荣春学生的代名词，参与研究科研专利的经历，亲身操作试验设备的经验为学生提供了多种思考角度，让学生见识了多样的发展路径，通过专升本、自考本科进一步

◆ 万荣春与同事做实验

深造成了更多学生的目标。在就业方面,中国特种设备检验公司、渤海造船厂,甚至中科院都有了万荣春学生的身影。万荣春相信,"有自信、有方向,一切就都有了可能"。

## 因材施教"愿做灯塔,伴学生远航"

"初始晶粒度好比你出生时的身高,实际晶粒度好比你现在的身高,本质晶粒度相当于你的基因决定你能长多高。"在金属材料与热处理课堂上,万荣春正通过形象的比喻来解释深奥的理论知识。课堂氛围轻松、讲解通俗易懂是万荣春授课的特点,他主持了多项课改课题,并于2020年获得辽宁省职业教育与继续教育教学成果二等奖。

其实,已成为教学标兵的万荣春也经历过教学的"滑铁卢"。

2012年,万荣春走出上海交通大学的实验室,踏上渤海船舶职业学院的讲台,无互动,不交流,万荣春的课堂变成了"一言堂",犹如投石入水泛不起任何涟漪,他的教学信心深受打击。于是,万荣春开始频繁出现在各位资深教师的课堂上,时时记录,及时请教,"在教学方面我是从零开始的,从课堂把控能力到制作PPT的细节都要学习。"渐渐地,万荣春可以自如地把握课堂节奏,他还进一步研究出"后排提问法""过程考察法"等教学小技巧,解决了上课坐后排、考前再突击的学习痼疾。

职业院校学生的知识基础不好,万荣春就选择难度适宜的内容进行讲授;学生很少接触试验器材,操作不规范,万荣春就一遍一遍地做示范。从原理的讲解,到设计图的绘制,再到试验器械的使用，以及操作流程的规范，可以说，万荣春为职业院校学生量身定制了一套教学方式，放缓知识学习的坡度，让学生爬缓坡，登高峰。由此，万荣春的学生挂科率极低，就业率、升学率连年攀升。

万荣春学识渊博，见解深刻，他经常关注年轻教师的教学和研究状态，并邀请其参与科研项目，或为其研究课题提供指导。陈曦老师从入职以来就得到万荣春的不少指点，"我们无法捋清研究思路，或者研究细节出现问题时，都会向万博士请教，他会给予非常耐心地指导。"陈老师还提到，有一次试验时，溶液总是随着试片漏出，万博士帮忙做了一个简易装置，强化试片与容器的接触，最终解决了漏液问题。

为进一步提高教师的研究与授课水平，万荣春利用母校的科研资源，促成上海交通大学和渤海船舶职业学院共建"专家工作站"，定期邀请上海交通大学相关教师与渤海船舶职业学院教师进行交流，提供科研指导，合作开展科学研究。万荣春相信，与更高平台的合作能够拓展职业学院师生的视野，助力师生的持续发展。

## 服务社会"刻苦学习钻研，铸造大国重器，都是职业教育的发展目标"

2021年上半年，渤海船舶职业学院学生刘家良顺利进入中国科学院金属研究所工作，投入铸造大国重器的浩荡队伍之中。万荣春对此深感骄傲，他相信，带领同学们学习科研操作、参与科研进程、探究科学原理的做法是行之有效的。自己的学生获得高度肯定，也说明职业教育的未来非常值得期待。

入职之初，万荣春就下定决心为国家建设培养高质量的高技能人才。"材料是各种装备的必需，装备是社会建设的重中之重。"万荣春所教授的技能操作、质量监测内容正服务于航母、核潜艇等大国重器的铸造。万荣春着意在日常教学与指导试验过程中培养学生的工匠精神，使之具备精益求精的态度、持之以恒的耐心、勇于担当的责任意识，成长为可靠的社会主义事业建设者。

万荣春主持的超高钢延迟开裂试验旨在探究超高钢在不同环境下的开裂情况，由于超高钢开裂状况发展缓慢，项目至今已经持续4年。为跟踪试验进展，试验者需要定期对试验对象拍照，准确记录超高钢开裂状况。超高钢种类繁多，双相钢、淬火延性钢、马氏体钢等不一而足，必须将每种超高钢的每个角度的状态全部拍照留存，在此过程中，超高钢各个角度的拍摄顺序有严格规定，一旦打乱次序，就会影响结果的准确性。种种严格要求之下，每次拍摄的工作量都不低于500张。项目开展之初，万荣春一遍遍为学生做示范，不厌其烦地解释原理，一再强调拍摄时要耐心仔细。而后，社团成员以老带新，频繁示范，多次叮嘱，严谨细致的精神在这些不断开裂的超高钢中传递，4年之间，成员更替，项目进度从未耽搁，数据记录也从未失误。

如果说培养人才是助力国家建设的长期投资，万荣春极力促成设立的材料检测中心则是为葫芦岛的工业发展提供直接支持。葫芦岛是我国老工业基地，各种工业装备对建设材料的使用量极大，然而，葫芦岛却没有一个金属材料第三方检测机构。意识到这一点，万荣春于2019年着手筹建材料检测中心，主要进行材料的化学成分与性能的检测工作，以此为葫芦岛工业建设提供质量保障。由于建立材料检测中心在葫芦岛并无先例，这一项目推进缓慢，多个参与者产生了放弃的念头，但万荣春态度坚定，"有意义的事情必须竭尽全力地把它做成"。

经过一年半的努力，渤海船舶职业学院材料检测中心获得CMA认证（中国计量认证），这一机构的成立填补了葫芦岛金属材料第三方检测服务的空白。"2021年11月19号，我永远不会忘记这个日子，因为实在太不容易了。"万荣春抑制不住地兴奋。如今，材料检测中心已经与葫芦岛市特种设备监督检验所等单位达成长期合作，大大降低了葫芦岛工业建设材料检测成本，对葫芦岛工业建设的长远发展具有重要作用。

如今，中国科学院、大连一重集团、渤海造船厂等重要建设单位都有万荣春学生的身影，他们秉承万荣春的科研精神与人格素养，在海洋、航空、航天领域贡献着力量。"现在我们的学生升学率和就业状况向好，但是我们的专利成果还未能全面铺开，创意还不能落地实施。"万荣春不无遗憾，"接下来，我还要带领学生继续钻研，争取把更多的研究成果转化为生产力。"

《教育家》2021年第52期

赖勋忠

最美
2021 ZUIMEI
教师 JIAOSHI

# 在平凡的岗位上发光发热

赖勋忠，1969年9月出生，江西省电子信息工程学校正高级讲师，工学硕士学位，高级技师。自1993年大学毕业后一直在江西省电子信息工程学校任教，现为赖勋忠技能大师工作室（国家级）首席指导老师、金牌教练。他亦师亦友，用技能锻造寒门学子出彩人生；他甘做小船，用心用情让一批批"顽皮厌学生"重树信心，登上全国最高领奖台；他创造奇迹，将一个中考落榜农村留守娃培养成了"懂得感恩，立志报国"的世界技能大赛冠军……他用平凡的一生指导学生书写着不平凡的人生。

从教二十四载，赖勋忠坚守教学一线，师德高尚，热爱学习，刻苦钻研，工作兢兢业业，任劳任怨，敢于拼搏，勇于奉献，具有强烈的事业心和严谨的治学态度，取得了令人瞩目的成就，赢得广大师生的尊敬和爱戴。2012—2016年期间，他指导学生参加全国职业院校技能大赛先后获得一等奖2个、二等奖1个、三等奖1个，2017年指导学生参加第四十四届世界技能大赛全国选拔赛获第九名，2018年指导学生参加第四十五届世界技能大赛全国选拔赛获第一名；2019年指导学生参加第四十五届世界技能大赛获电气装置项目金牌，实现我国该项目金牌零的突破；2020年指导学生参加中华人民共和国第一届职业技能大赛获优胜奖、入围国家集训队。赖勋忠曾获全国技术能手、黄炎培职业教育奖杰出教师奖、全国优秀指导老师和第二届感动江西教育年度人物提名奖等荣誉。

## 亦师亦父，用技能锻造学生的出彩人生

"感谢学校给了我们一个这么好的平台，感谢学校安排了一位像爸爸一样的老师，手把手地教会我们专业技能，陪伴着我们成长。"——这是任赵同学给校长发送的新年祝福中的部分内容，也是赖勋忠的真实写照。在革命老区，有很多像任赵一样家庭贫困、基础差、厌学、自卑，且又考不进普通高中的初中毕业生，被家长送进职业院校，渴望用技能改变孩子的命运。

"人人皆可成才，技能出彩人生"，是赖勋忠对学生和家长的承诺。从指导学生重树自信心，到依托技能大师工作室开展带徒传技，带领学生开展技能攻关，再到指导学生就业、创业，赖勋忠始终把为国家培养更多的高素质复合型技能人才作为目标，把每一个学生都当成自己的孩子来培养，以身示范，引领学生追求精益求精、追求极致的工匠精神。

近年来，赖勋忠先后培养了800余名优秀的电子技术应用高技能人才，毕业生中不乏自主创业及快速成长为企业技术骨干的。例如，钟根鹏、夏俊明同学，毕业2年后成立公司，从事西门子自动化设备维修工作，成为比亚迪、江淮汽车等大型企业数控加工中心的维保单位；任赵同学，毕业后从事住宅与楼宇智能控制

设计与调试工作，仅用 6 个月时间，便成为公司技术骨干，月薪突破万元，3 年后返赣自主创业，创立了南昌无尾熊智能科技有限公司。

## 立足一线，用心血浇灌职教的三尺讲台

赖勋忠关爱学生，坚信老师的价值体现在学生身上，虽已是一名技术精湛的大师，但他不骄不躁，坚守教学一线，用心钻研教学、传承技能。他潜心研究教学教法，采取工作任务驱动教学，提出"自主选择、灵活改变、个性发展、德技兼能"，实施灵活多样的教学模式和方法，以培养学生的专业能力、方法能力、个人能力和社会能力为立足点，校内培训与校外考察实践相结合，实施用心培养，用情培育，授之以渔策略，"技能培养+感恩励志"双轮驱动，实现了由单一技能传授到技能获取方法培养的转变，由单一技能型人才到技能型成功创业者的培养转变。

担任竞赛指导教师期间，赖勋忠始终将让学生登上全国最高领奖台作为目标，每次备赛都以"白加黑、五加二"的工作模式忘我工作，手把手传授技能技巧，追求精益求精，要求安装误差小于 1 毫米，控制线路安装出错率为零，挖空心思钻研技能技巧，制订严谨翔实的训练计划，精心设计训练模拟赛题。教学中，他对学生关心备至，严爱有加。2013 年，鉴于电气安装与维修项目比赛体能消耗大，集训期间他长期自掏腰包给学生补充营养，正是在赖勋忠的辛勤付出和耐心指导下，同学们找回了学习的自信，找到了成功成才的道路，学到了终身受益的专业技能。

新冠肺炎疫情发生后，2020年4月，工作室学员胡权清、李燕辉同学响应国家号召，利用所学专业技能投身抗疫，参与N95口罩机自动化生产线的安装调试，两人在20天内组装调试设备6台、维修设备2台，公司奖励2万余元。通过这次生产实践，两人更加坚定了专业技能学习的信心。

## 硕果累累，用实力捍卫荣誉的技能大师

承担竞赛指导工作以来，赖勋忠先后在2012年指导学生参加江西省中等职业学校第九届技能大赛电气安装与维修项目获团体一等奖，全国职业院校技能大赛（中职组）电气安装与维修项目获团体三等奖；2013年指导学生参加江西省中等职业学校第十届技能大赛电气安装与维修项目团体一等奖，全国职业院校技能大赛（中职组）电气安装与维修项目获团体一等奖；2015年指导学生参加全国职业院校技能大赛（中职组）电气安装与维修项目获团体二等奖；2016年指导学生参加全国职业院校技能大赛（中职组）电气安装与维修项目获团体一等奖；2016年指导学生参加第四十四届世界技能大赛江西选拔赛电气装置项目包揽第一、第二、第三名，在第四十四届世界技能大赛全国选拔赛电气装置项目获第九名，入围国家集训队；2018年指导学生参加第四十五届世界技能大赛江西省选拔赛电气装置项目获第一、第二名，在第四十五届世界技能大赛全国选拔赛电气装置项目中以93.9分的成绩，取得全国第一名，再入国家集训队；2019年在俄罗斯喀山第四十五届世界技能大赛成功摘取电气装置项目金牌，实现了该项目中国参赛金牌零的突破，也是江西世赛金牌

零的突破，创造出一个奇迹，将一名中考落榜农村留守娃培养成了"懂得感恩，立志报国"的世界技能大赛冠军，人民网、江西卫视新闻频道、社会传真、南昌电视台、《江西日报》等几十家主流新闻媒体争相报道。

在世界技能大赛金牌光环背后，赖勋忠付出太多，他总是舍小家、顾大家。为了世界技能大赛金牌梦，师生奋斗了4年，尤其是担任国家教练一年多，他长期陪护指导选手异地训练，过度劳累和压力导致身体严重透支，造成大面积胃溃疡，但面对疼痛他一直都强忍着。为了让选手更好地适应国际赛事，赖勋忠还带领选手长途跋涉参加澳大利亚挑战赛和俄罗斯国赛，了解竞争对手，研习大赛对策。数年如一日，赖勋忠默默奉献，甘为人梯，不计得失，甘做小船，把一批批学生送上了全国最高领奖台。

## 不忘初心，用行动扛起担当的良师益友

作为一名普通的职校教师，虽获得过很多荣誉，但赖勋忠始终没有忘记自己的使命，他热爱教育，关爱学生，把教书育人作为自己最大的使命。先后承担过《电工技能与实训》《彩色电视机原理与维修》《模拟电路》《数字电路》《PLC技术》《电气布线与控制》《课程设计》等10余门专业课程的教学任务。教学过程中，他始终以学生为中心，理论联系实际，注重学生专业能力、方法能力、社会能力和个人能力的培养，积极探索教育教学方法，教学效果受到学生的一致好评。作为电子技术应用专业带头人，他带领本专业老师积极探讨行为导向教学一体化课程改革。在赖勋忠的带领下，电子技

术应用专业在2015年江西省技工院校"我能出彩"技校主题活动中荣获"出彩专业"一等奖。他主持的"电子技术应用专业教学与职业技能大赛对接实践的研究"课题被评为江西省中等职业学校省级教育教学研究课题2013年度立项的重点课题第一名。他参与实施的"基于电子创业中心人才培养模式的改革与实践"教学成果、"基于技能工作室的技能教学模式的创新与实践"教学成果被教育部授予国家级教学成果二等奖。

  除完成本职教育教学任务外,他积极投身学校的"传帮带"工程,与青年教师一起,共同参与竞赛指导工作,研习国家职业技能大赛的精神,共同探讨竞赛内容,共同钻研专业新工艺、新技术,制订训练指导计划,让青年教师与学生同台训练,有效地克服青年教师从学校到学校实践动手操作能力欠缺的弱点,经过技能大赛的锤炼,青年教师得以迅速成长,能较好地胜任教学、竞赛指导等工

◆ 赖勋忠向学生示范故障检测

作，促进青年教师向"双师型"转变，夯实了学校"双师型"师资队伍建设，实现了技艺的传承。

赖勋忠牢记立德树人初心，牢记为党育人、为国育才使命，把个人梦想融入实现中国梦的奋斗之中，立足本职岗位，积极拼搏进取，甘于无私奉献，不断加强自身学习，拓宽视野，更新知识，提高业务能力，在平凡的岗位上发光发热，用爱心、知识和智慧点亮学生的心灵，成为一名业务精湛、深受同行尊重和学生爱戴的"最美教师"。

*教育部教师工作司供稿*

# "最美教师"赖勋忠：
# 锻造职教学子自信人生

◎ 顾天成　黄浩然

他的学生说，是赖老师帮自己树立了自信；他的同事说，他是职业院校教师的榜样，关爱学生、一丝不苟；他自己却说，只是做了微不足道的事，希望人人皆可成才……

他就是江西省电子信息工程学校教师、世界技能大赛电气装置项目金牌教练赖勋忠。

## 让学生相信"我是最棒的！"

在江西省电子信息工程学校清晨的操场，有一道特别的风景线，电子工程系的学子们一边跑步、一边高喊口号，"我是最棒的"，声音铿锵、充满自信。

职业院校的生源中，有的是没考入普通高中的初中毕业生，有的学习基础差、家庭困难。赖勋忠认为，让学生重树自信心，建立起人人皆可成才的意识最为紧要。他的"开学第一课",为同学们打开"世界从这里开始,放下过去包袱"的崭新篇章。

电子工程系预备技师应届毕业生甘传世龙回忆起自己入学前的状态,坦言最大的感受是"无所谓":自己做事比别人差"无所谓",被父母责备"无所谓",而赖老师帮助他从"无所谓"转向"不服输"。

甘传世龙在就读一年级时经过刻苦努力的准备,参加了全校职业技能大赛,仅获三等奖。他一度又回到了沮丧和自我怀疑的境地。他说,是赖老师把他叫到身边,帮他复盘比赛,找出他精度不高的薄弱项。

2019年11月,甘传世龙参加第四十六届世界技能大赛江西省选拔赛,拿了第一名。夺冠后,甘传世龙说:"是赖老师的鼓励让我持之以恒,他常告诉我机会是留给有准备的人。"

## 勇夺世界技能大赛金牌

2019年,赖勋忠指导学生肖星星获得第四十五届世界技能大赛电气装置项目金牌,实现中国在该项目上金牌零的突破。

为了世界技能大赛的金牌梦,师生奋斗了漫长的4年,一路披荆斩棘。"如果不是赖老师的勉励,就没有我的夺冠。"肖星星说。

在获得冠军前,肖星星曾在前一届中国集训队五进三选拔中败北,与决赛参赛资格失之交臂。他已竭尽全力,不相信自己还能再突破了。

在赖勋忠的坚持和指导下,师生二人认真复盘,意识到缺乏国际大赛经验、跨语言应对裁判是问题核心。肖星星为此开始努力学习英文，决心不依赖翻译，直接和裁判沟通。

"我初中毕业未考上高中，一个农村留守娃就来职校了，从未想能拿世界冠军。"肖星星说，"赖老师就是我的人生导师。"

## 为了职业教育的明天

1997年从教至今，赖勋忠的学生中不仅出了世界技能大赛冠军，还有800余名应用型技术人才——他们成为行业的技术骨干，为电气装置技术发展作出贡献。

在教育教学方面，赖勋忠在校内建立了电气装置技能工作室，将德国职业教育学校电工技术专业的先进经验引入自己的课堂。他倡导以行动导向法设计课堂，对课堂教学进行改革，提升学生专业学习的创造性和主观能动性。

在学生发展方面，赖勋忠帮助学生规划职业发展路径，他认为社会上需要什么样的人才，职业教育就应培养什么样的人才。他要求学生专业技能娴熟、有抱负有思想。

钟根鹏、夏俊明同学毕业2年便成立公司，从事西门子自动化设备维修，成为长城汽车等大型企业数控加工的维保单位；任赵同学毕业后从事住宅与楼宇智能控制设计与调试工作，如今已自主创业；肖星星同学毕业后留校任教，担任竞赛教练，带领学生开展技能攻关……

"我只是做了微不足道的事，做了自己喜欢的事，却收获了最可爱的学生们。"赖勋忠说。

新华社南昌2021年9月11日电

# 工匠之师

——记2021年"最美教师"、江西省电子信息工程学校教授级讲师赖勋忠

◎ 李 芳

"在教书育人中磨砺工匠精神。"9月10日,中宣部、教育部发布2021年"最美教师"先进事迹,江西省电子信息工程学校教授级讲师赖勋忠获"最美教师"称号。当天晚上,在中央电视台综合频道播出的《闪亮的名字——2021最美教师》发布仪式上,赖勋忠分享了自己在职业教育一线任教24年的感悟与体会、收获与感动。

这是一位怎样的老师?在学生眼中,他是严师,把学生培养成身怀绝技的优秀工匠;是慈父,用爱心让顽皮厌学的学生重拾信心、扬帆前行;是金牌教练,把学生送上最高领奖台,为国争光。而在赖勋忠看来,中职教师要培养出大国工匠,自己首先要做"职教工匠":对教学精益求精、对技能孜孜追求、对育人初心坚守担当。

## 育匠心：让学生树立工匠的品行和操守

线槽桥架、电缆、开关面板、KNX 箱……来到赖勋忠电气装置技能大师工作室，像是到了一个电气工程施工现场。这里没有黑板、没有粉笔、没有讲台，赖勋忠甚至没有直接讲课，他把教学 PPT 发给学生后便布置了课堂任务：现场为房间设计智能电路系统。

领到任务后，学生们有的在电脑上设计电路程序，有的在操作间里忙碌，有的在互相讨论。赖勋忠往来其间，不时作出指导。"职业教育要培养的是复合型技术技能人才，学生的创新精神和实践能力都非常重要。"赖勋忠说，工作室是个开放式的教学场所，采用"翻转课堂"的形式，通过感性认识、实践操作以及由简入难的项目化、任务式设计来驱动学生自主思考、学习，将课堂知识与生产实践相结合。

"你看，电路虽然运行正常，但有的线路不平整，不但不美观，还会带来安全隐患，这可马虎不得，拆掉重装吧。"在一位学生刚安装完的电路系统前，赖勋忠用水平仪测了桥架的水平度后，指出了桥架安装不平整、产生水平偏差的问题。"你设计的智能系统实用吗？好用吗？美观吗？能用几年？能否做到安装误差小于 1 毫米，出错率为零？"每当学生设计出一个系统，赖勋忠总会提出这样的问题。在赖勋忠看来，职业教育不能只停留在技术培训层面，必须把提高职业技能和培养职业精神结合起来，不仅要让学生有一技之长，更要培养学生的专业精神和敬业品格。

灵活多样的教学模式，受到学生们的青睐，加入赖勋忠老师的工作室成了许多在校生的向往。

"你对室内家庭布线工作感兴趣吗？""你觉得电气布线时首先要注意什么？"这是加入工作室的考题。赖勋忠要求学生苦练、勤学、反思、领悟，为每一位学生注入精益求精、持之以恒的匠心，激发他们积极进取的精神。

## 立匠志：给学生一把打开人生大门的钥匙

赖勋忠还记得第一次站上讲台时，看到教室里的学生都是十四五岁的孩子，本该青春洋溢的脸上，写着懵懂、迷茫。这些孩子不少是因为中考失意，正处在人生的转折点。"我当时就暗下决心要让他们学到一技之长，求得立身之本。"

赖勋忠发现，很多学生存在厌学、自卑的心理，授课效果并不理想，得让学生重树信心，激发他们学习的兴趣。

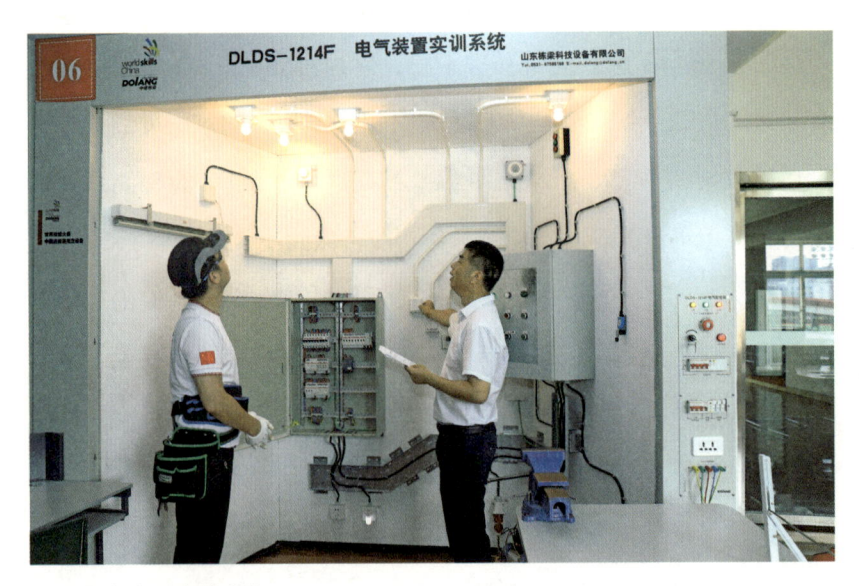

◆ 赖勋忠检测安装功能

"你是愿做'我什么都不行的自卑者'还是做一个'我愿意努力去试试的自信者'？"开学第一课上，面对新生，赖勋忠发出了"灵魂拷问"。

"孩子们需要引导和鼓励，老师要做的是帮他们找到打开人生崭新大门的钥匙。"这位严厉又不失温度的老师，像父亲一样，把每一个学生都当成自己的孩子来培养：手把手传授技能技巧，对学生的职业规划进行指导，教导学生要做一名对社会有用的人。

2019年，在俄罗斯喀山举行的第四十五届世界技能大赛上，学生肖星星获得电气装置项目金牌，实现了我国在世界技能大赛上该项目金牌零的突破。当肖星星登上领奖台，高举起五星红旗时，台下，他的指导老师赖勋忠露出了欣慰的笑容。

这块金牌的背后，有肖星星的励志故事，也有赖勋忠全身心的付出。为了圆世赛金牌梦，一遍遍训练、一遍遍重复，一起吃一起住，为了让肖星星更好地适应国际赛事，赖勋忠还带着他前往澳大利亚和俄罗斯等国参加各类比赛，与高手过招交流，经过4年的奋斗，最终站上世界最高领奖台。

"赖老师，您辛苦了，谢谢您！"听闻敬爱的赖老师获得"最美教师"荣誉，学生钟根鹏通过视频的方式送上了衷心的感谢。钟根鹏毕业两年后便自主创业，成立公司，用过硬的技能为国内多个数控机床大型企业提供维保服务，公司年营业额达800万元。

赖勋忠注重培养学生的专业能力和社交能力，在他的辛勤付出和耐心指导下，同学们找回了自信，学到了技能，找到了成功成才的道路。这么多年来，赖勋忠累计培养了800余名合格的电气技术应用高技能人才，写出一个个"技能改变人生"的精彩故事。

## 传匠艺：在"传帮带"中传承师者之道

赖勋忠的工作室还有另外一块招牌——世界技能大赛电气装置项目中国集训基地。除完成本职教育教学任务外，在这里，赖勋忠还带徒传技，积极投身于学校的"传帮带"工程。

赖勋忠与青年教师一起，积极探索教育教学方法创新，积极探讨教学一体化课程改革；共同参与竞赛指导工作，研习国家职业技能大赛精神，研究竞赛内容，钻研新工艺、新技术，制订训练指导计划。让青年教师与学生同台训练，不但提高了学生的技能水平，也有效补足了青年教师实践操作能力欠缺的短板。在赖勋忠的指导下，经过技能大赛的锤炼，学校的青年教师迅速向"双师型"转变，实现了技艺的传承。

如今，肖星星也成为学校的一名教师，在基地带徒弟成了他的新任务。"我要向赖老师学习，传承他的技艺和师道，不断培育更多大国工匠、能工巧匠。"

"老师的价值是在学生身上体现的。"赖勋忠坦言，此次获得"最美教师"称号，是鼓励，也是鞭策。他觉得肩上的担子更重了，唯有继续潜心研究技术，尽心尽责地将自身所学传授给学生，让更多学生有一技之长投身新时代建设才能不负荣誉。"人人皆可成才，技能出彩人生"，这是赖勋忠对学生和家长的承诺，也是他不断追求的目标。

*《江西日报》*2021 年 9 月 14 日

陈明青

最美 2021 ZUIMEI
教师 JIAOSHI

# 让思政课成为一道亮丽的风景

陈明青,华东师范大学第一附属中学思政课教师,全国劳模,全国模范教师,上海市特级教师,正高级教师,上海市优秀思想政治工作者,2019年度教育新闻人物。

2019年3月18日,陈明青在习近平总书记主持召开的学校思想政治理论课教师座谈会上进行了发言,向习近平总书记汇报了上海市大中小思政课一体化建设情况和上海市中学生各项社会实践活动开展情况。

作为一名思政课教师,23年来,陈明青从没有离开过三尺讲台,在业务精进方面,她始终在路上。为了让思想政治的课程不再枯燥无味,也为了"点"醒课堂上懵懂的学生,陈明青将大量生动的故事融入教学;她的课讲求"内外联动",把讲台搬进社会,让学生在亲身实践中感受理论之美;她的课还强调教学生如何看待世界、看待事物的思维方式,重视关联学生的真实世界。她一直是学校里最受欢迎的老师,她的课是学生最想上的课。在新冠肺炎疫情防控期间,陈明青在"空中课堂"为上海全市中小学生上了一堂德育公开课《在战"疫"中成长》,通过讲述这场"硬核"战"疫"中让人暖心、令人动容的人和事，引导中小学生汲取战"疫"中呈现的精神与力量。

作为教育部大中小学思政课一体化建设专家指导组成员，陈明青一直根据青少年成长发展规律和学生认知规律，探索构建系统、分段、有效的德育一体化体系，努力带动和加强各学段思政课教师一体化备课、磨课，统筹设计、有机衔接各学段思政教学重点，循序渐进、螺旋上升地开设思想政治理论课。

在繁忙的工作之余，陈明青还担任着学校德育处主任和一个学部的部长职务。她热爱教育事业，从教23年坚守教育一线，不论工作多么繁忙，与孩子待在一起是她最愿意做的事情；她热爱学生，对教育事业执着不渝，无私奉献，她作为"导师"一人带教多名本年级的学生，每学期家访、谈心，在疫情防控期间也一直保持着与带教学生的密切联络，聆听他们的心声，帮助他们纾解心里的困惑不安与心结，学生对她无话不谈，视她为亲密的朋友；她关注与研究00后孩子的特点，大胆改革学校的校园文化节，增设的孩子们感兴趣的"华光大咖论坛""机智过人"动手实验竞赛等活动，开阔了孩子们的眼界，受到学校学生的热烈欢迎，成为学生最为期待的校园文化活动。

自2017年起，陈明青到一所农村"强校工程"实验学校支教，每天上下班的路程近5个小时，陈明青在实验校年年承担高三年级班的教学任务，实现该校高考成绩A档零的突破，不仅如此，她还带教了该校数名教师，帮助他们提升业务能力，持续提升学校教学水平，真正让"强校工程"落到了实处，惠及更多学生。

陈明青坚持铸魂育人，当好"拔节孕穗"引路人；坚持守正创新，立志在学生心中深植马克思主义信仰；坚持存道精业，努力提升理直气壮讲好思想政治课的底气，是学生心目中的"最美教师"。

教育部教师工作司供稿

# 融汇多学科　讲好思政课

## ——记 2021 年"最美教师"陈明青

◎ 周世祥

华东师范大学第一附属中学思政课教师陈明青曾让毕业班学生们在小纸条上写下对政治课的感受。其中一张上面写着"用生命点燃生命"。

"我问学生为什么这样说，他说我的政治课为他推开了一扇窗，一扇朝向外部世界的窗。这让我想到，政治课其实是带给学生一种方法，一种如何朝向世界的方法。这种方法对他们的影响不是一时的，是很长一段时间，而这也是他生命发展所需要的。所以，他会写下点燃生命。"陈明青说。

学生们通过这扇窗看到了不一样的风景，而陈明青则看到了属于自我、属于思政教育的新可能。

## 丰富思政课程形态，贯通学科间内容

"不知大家有没有关注《建党伟业》中13个一大代表的动作、神情，陈公博抽烟掉了一地的烟头、一些人坚定的眼神表明什么？《开国大典》宋庆龄的扮演者回眸看到解放军进入上海之后，为了不扰民宅都睡在大马路上，这个细节有何深意？"同学们扮演完人物，陈明青提醒学生思考。

在陈明青的思政课上，电影片段情景表演是学生们最喜欢的教学环节。《觉醒年代》《1921》《革命者》《中国医生》等近几年饱受青少年关注和好评的主旋律影视作品片段都被陈明青搬上了思政课堂。学生们尤其对《建国大业》《建党伟业》情有独钟，可以在表演的过程中"穿越"到近百年之前，一边吟诵经典台词，一边感受波澜壮阔的历史激流。

"好的影视片段用细节刻画了有血有肉的人物，比干巴巴的讲述更有力量。学生由于成长环境所限，靠想象往往不能还原当时的历史情境。通过情景表演，学生会发觉历史人物是有血有肉的，也会有欢喜、有害怕，有各种各样的想法，是一个立体的人，否则他们会觉得英雄是永远无法企及的。"陈明青说。

陈明青发现，政治教材中不少案例、素材，历史课也会讲、语文课也会说，甚至一些自然科学科目也会涉及，那么是不是可以借力？在长期备课实践中，"跨学科内容设计"也是陈明青课程的特色。在陈明青所在的华师大一附中，政治、历史、语文老师一起备课是常有的情景。陈明青平时也会常去听其他科目老师的课，从课程内

陈 明 青

容当中发现育人素材。

一次听历史课过程中，陈明青"灵感乍现"："大家对中共一大耳熟能详，但很少关注四大，当时开会时会场对外打着'英文补习班'的牌子，门口楼下的阿姨一边扫地、清理马桶一边放哨，有什么事儿就拉拉小铃铛。历史课是作为一个故事来讲的，那我要讲什么？其实中国革命的胜利过程中有很多我们知道姓名的英雄，还有很多未能留名。他们为什么愿意跟着共产党？通过这样的讲授，能更好引导大家思考党领导人民取得的丰功伟绩。"

老师怎么知道我们刚学过？不少同学印象深刻：化学课刚讲完氢氧化铜变色，陈老师就讲质变量变；物理课刚学完光的波粒二象性，波是波、粒子是粒子，似永远不可调和，陈老师分析这些都是对世界的理解方式；语文课刚提到对民主的探索，陈老师就引导大

◆ 陈明青在中共一大会址给学生上现场课

家思考什么样的情况才叫民主，这是需要有标准的。

"我想，学生首先是个完整的人，应当接受全方位教育，但各科内容却可能是割裂的、重叠的，经过这样一'点'，学生觉得学科之间是贯通的，便从不同维度、不同范围、不同层级上实现了全方位教育，更接近'三全育人'目标了。"陈明青分析。

## 引导体验式调查，让社会变成"大课堂"

理论和生活距离远，往往阻碍了学生对思政课的热情，于是陈明青带领学生走出教室，引导学生关注社会。但是，学生实践往往会有两种问题："浅"了，走马观花，了无收获；"深"了，中学生又不具备开展较为专业的社会调查所需的相应知识储备和条件。二者如何平衡？

"充分体验"，这是陈明青给出的答案。学生学了人大、政协制度之后，她便组织学生模拟人大、模拟政协。但议案提案从哪里来呢？陈明青引导学生选择课题调研。"例如我们有学生调研区里残疾人设施情况。他们不是发问卷，把各类无障碍设施都摸清楚，而是只做了非常简单的一件事——把自己的眼睛蒙起来，随后走走看。旁边学生扶着他，一边扶一边记录下来哪里的盲道断头了、附近是否有无障碍卫生间。这样他们同样能发现社会问题。"

利用假期和周末，陈明青背上行囊，带着学生们去"两山"理念诞生地浙江省湖州市安吉县余村，了解那里的农民无偿捐了1500万株白茶苗给贵州的黄杜村的故事。同学们的问题接踵而至：为什么安吉余村几乎每个农户门上都挂了"念党恩"小牌子？为什么黄杜村村民将自己的拳头产品捐给别人，技术无偿告诉别人，不需要保护"商业机密"吗？在陈明青引导下，通过走访农科院专家、农户、村干部，学生心中逐渐有了自己的答案。

更多调研的问题还来自生活。陈明青回忆自己指导过的一次调研："有些同学注意到我们很多课本当中都附有光盘，那么这些光盘利用率是多少？现在很多电脑没有光驱。一开始学生觉得这是一种浪费，但他们放眼全国、走城入乡调研之后，会发觉自己的想法有些片面了。重要的不是结论，是看问题的方法。"

"如果要求高中生调查问卷设计得非常精到，且能运用软件进行充分的对比研究，是很困难的。但我觉得'体验'这个过程很有意义。没有'体验'，学生不会知道社会调查有多重要，正是因为知道了重要，他们才会去研究，之后才会认真设计问卷，搜集、研究数据。"陈明青说。

## 将基地当家园，在教学共同体中传递育人之种

从教23年，身为特级教师，陈明青把政治课上得游刃有余。但私下里，她最大的感受却是"奔跑"——去基地是她业余时间的常态。她是上海市第一期德育实训基地（思想政治课方向）、第三期上海市名师后备基地政治二组的学员，10多年来一直在市级专业发展团队里浸润学习，从一名青年教师成长为特级教师，至今她依然在上海市德育实训基地中积极发挥辐射引领作用。如今已经成为第四期"双名工程"攻关计划主持人的陈明青，依旧把基地学习看作是难得的挑战和历练。

"有一些年轻的教师说起来满腹理论，但来基地听了几节课后，却对我说'老师我不会上课了'。"陈明青"吓住"年轻教师的，是她"磨课"的执着。"我告诉他同一节课我会听3遍。一个老师会带4到5个班级，很容易同一个教案讲4到5遍。我就会反问，为什么你的学生不同，教案和讲授却是一样的？我引导他们，教案不能仅仅基于教材、老师的预设来设计，要根据、结合学生问题。他们逐渐发觉，后来设计的教案和之前把教材简单进行归纳、演绎而成的大不一样了，逐渐做到'眼里有学生'，他们也获得了成长。"

陈明青表示，自己现在面对新课程、新教材、新课标、新的考试方式，始终处于"本领恐慌"中。"上了20多年课，每次都有上第一课的'小紧张'。每一节课我的学生不同，我会相应修改我的教案。前一个班星期一上，后一个班星期五上，这一周可能还有新的事情发生，社会、学生关注点变了，我会想是不是要重新备课。所以紧张会有的。"陈明青坦言。

"在教青年教师过程中，自己思路也越来越清晰，我觉得我们更是一个共同体。"陈明青表示，面对如此多"新"，单个老师力量有限，只有大家形成合力，在业务上、精神上互相扶持、支撑、鼓励，改进既有的教学方法，才能更好地完善课程。"这是一种'群体效应'，进入我们共同体行列的老师，会适应得越来越快，因为你周边的老师都是这样上课的。"

"思政课很容易被人认为是背背概念，字面上理解一下就可以了。但所有的信仰一定要经过挣扎，经过辨析，才能真正固化下来。今后思政课应培养学生的高阶思维。"陈明青对课程未来的探索如此设想,"很多人看电影、参观烈士陵园会感动流泪,但出来照样如常,而思政课要做的就是找到一条思维路径方式,让情感经过逻辑的、理性的力量固化,变成情怀,最终实现一种思想上的认同、思维上的改变,这扇窗才会真正敞开。"

《光明日报》2021 年 9 月 11 日

# "网红思政老师"陈明青
# 把思政课做成育人的大事业

◎ 冀晓萍

2019年4月,我在华东师大一附中的校园里见到了陈明青。眼前这位有着21年教龄的女教师,朴素大方,眼神纯净。3月18日,她作为全国高中思政课教师代表在习近平总书记主持的学校思想政治理论课教师座谈会上做主题发言。

她告诉我,回到上海后,她想做的第一件事是回教室跟学生聊一聊北京之行的所看所感,她要告诉学生:"我感受到了一个大国领导人应有的气度,我们的国家充满了希望!"

陈明青的思政课总是具有这种代入感,学生会觉得它与自己的真实世界有关。

## 能影响人比我到外企更有价值

小时候,陈明青常常到家附近的曲阳图书馆写作业,写完作业就去翻报纸。陈明青很喜欢看《参考消息》上那些"豆腐干"文章，但是，围绕同一事件有那么多不同的观点，如何判断哪个正确，哪个错误？她当时想：如果有人能告诉自己就好了。

高考填报志愿时，陈明青有点迷茫。她报了父母想让她读的外语系，也把政教系填进了志愿表。那时候，思政课教师在中小学地位低，亲友老师都劝她不要报。但她觉得："如果政治老师能够告诉学生世界的发展方向，也许学生在未来的选择上就不会像自己这么迷茫了。"不料，她真的被上海师范大学政法系政教专业录取了。

大学里，她身边的同学多数是被调剂过来的，很多人并不打算毕业后真的去当思政课老师。但是，陈明青想"做一个思政课老师，引导学生的未来走向"，因而，她在政法系安心地读了起来，她不仅学思想政治理论，还认认真真上美学、心理学等非政治学科课程。她觉得，这是自己比较受学生欢迎的一个重要原因。

1998年，陈明青毕业了。很多同学把去外企当作最好选择，陈明青高高兴兴去华东师大一附中当了一名思政课教师。她对自己的选择很坚定："能影响人比我到外企工资高一点更有价值。"

当时，政治老师都被脸谱化为"只读教材的思政老太太"。她还记得，那时有人给她介绍男朋友，特意在见面前嘱咐：就说你是高中老师，不要说是思政课老师。

结合自己的成长经历，陈明青说："不管别人认为你重要也好，不重要也好，只要你做出来了，让大家看到这门课对学生的成长有用，学校、社会、家长就会认可你、支持你做事情。"

初心驱使下，超越私利的选择让陈明青的视野无比广阔。

在同一间办公室共事八九年的思政课教师徐嘉文对记者说："在

大家只看到这节课、这个知识点的时候,陈老师看到的是整个知识体系,看到的是政治课在整个育人体系中的地位。"

陈明青的思政课也是包罗万象,在她看来,"思政课之外,一切皆是载体"。

为了与其他学科更好地融合,她爱跨学科听课:"思政课要打开,与各门学科融合,就得去了解其他的课堂上,学生在接受什么。"

◆ 陈明青指导团队青年教师

了解之后,她就会协调其他学科老师"打配合"。比如,在历史课讲"中国共产党的领导是历史和人民的选择"之前,她去跟历史老师沟通:你重点讲历史故事,我提纲挈领拉观点,这么讲我们党是一个怎么样的党,讲历史是怎么发展的,多有利啊!

在讲"就业原则"时,书上写:就业要遵守一些原则,如社会需求与个人爱好要结合。这没错,但是只这么说给学生听就太空了。

陈明青提出："社会的需求是什么？老师也未必说得清楚。学生真的认识自己吗？特长和爱好其实是两码事。学生知道自己理想中的科学家、公务员都在干什么吗？不知道。"如果不解决这些问题，思政课就会流于大道理。

为此，她利用学校的霍兰德性格测试、多元智能测试，引导学生的自我认知；开生涯教育课程，让社会各界专业人士解说"需求"，让高校教师来介绍"专业"；将一些模糊问题的答案融入到社会实践活动中，让学生在观察和体验中自己得出结论。

不少学生毕业后回来看她时抱怨："高中讲过的政治课内容在大学又讲了一遍，一模一样的。"陈明青开始去翻看大学的思政课教材，见到高校教师就说："大中小学德育一体化要讲究螺旋上升，大学也应该看看中小学讲了些什么。"

"因为学生不是一张白纸，教育要先把学生已有的认知结构调出来，把新的糅合进去，这样的认知才是系统化的，这样的教育才不是自说自话。"陈明青觉得，"融合"应该成为育人的基本样态。

## 专业发展没有天花板

不忘初心，方得始终。

21年，在经历了挫折、困惑、倦怠之后依然初心不改，陈明青笑言："我的耐力是被两位重要人物逼出来的。"

第一个重要人物是上海市第一位思政特级教师蔡立维，陈明青说："他给了我整个教材背后的逻辑体系，让我变深刻、变全面。"第二个重要人物是特级教师周增为，她让陈明青"看到了丰富多彩的学生"。

21年前的那个夏天，陈明青还没从松散的大学生活里转变过来，有些懒洋洋的。7月底，蔡立维敲开了陈明青的家门，递给她一摞专业书说："你现在可以备课了。"

"我当时觉得太奇怪了：9月上班，现在就要我备课！"虽然不理解，但这是师父要求做的，陈明青还是开始了备课。当时的"备课"就是看蔡老师拿来的那一摞相关专业书。读着读着，陈明青就发觉："自己欠缺的还是蛮多的。"

今天再回头看，陈明青感激不尽："他拿那么多专业书过来，就是告诉我，厚积才能薄发。"

入职了，陈明青要做一个班的班主任、教高一7个班的思政课。蔡老师提出，一周要听她两个教案。通常是，听完一个教案，评两三节课：你这个错了，那个重来，这课怎么备、怎么上……

在手把手的指导下，陈明青的专业发展上了快车道。入职第一年，她就在上海市虹口区说课比赛中获了一等奖："这个一等奖要归功于我背后蔡老师的学理支撑。"

这位可敬可爱的老教师，一直跟了陈明青3年。3年间，陈明青一节不落地听了他的每一节课："老教师的涵养、素养，对我的影响太大了。"

人说，三年站稳讲台。陈明青就靠着老教师听她的课、她听老教师的课，迅速站稳了讲台。

1999年，上海市精选3位思政课教师开市级公开课。因在区级公开课中获了一等奖，陈明青获得了这次展示机会。她觉得自己上得很不错：这个知识点背后的体系是什么，它的来龙去脉是什么，放到今天为什么还要讲，都讲得很清楚。

但是，另一位开课老师周增为给陈明青展示了完全不同的一节课。传统思政课是从教师出发的，教师先从知识层面揣测学生在理解上存在哪些问题，再预设具有思辨性的问题引导。而周增为的线路恰恰相反："她是从学生角度出发的，先去了解学生需求，再形成这节课的框架。"陈明青惊讶不已：课还可以这样上？！

回去后，陈明青就迫不及待地用到了课堂上，课前她先去调查学生的问题，发觉学生反馈的问题多元而复杂，与自己的预设完全不同。这下，难度来了："一边是教材逻辑体系，一边是最最草根的学生看到的最最现实的问题，如何结合？"

带着这个问题，陈明青尝试了很久："某节课感觉好一点，因为学生提的问题与教材逻辑体系比较贴合，这堂课就既能回答学生问题又能把知识落实。但两者完全不同时，找不到一个效果可控的办法。"

找来找去，陈明青找不到方向在哪里。那时候，陈明青已经获得了一大堆奖：上海市公开课一等奖、虹口区公开课一等奖、上海市论文奖……凭着这些奖项，她可以比别人早一年评上高级职称，她开始安于带好高三成绩，有些倦怠了。

改变是从外部的撬动开始的。

2006年，上海市思政课研究实训基地建立，陈明青成为基地学员，而基地的主持人是周增为。"那一年，我们都拿了一等奖，我停下来了，但她一直在向前走。"这让陈明青当时有了一点触动。

周增为很清楚大家的心理状态，一进基地就切中肯綮地说了一番话："你们个个都有一堆奖、一堆论文，有的高级也评上了，还来干什么？为了锦上添花吗？不是的！你们要去颠覆自己。"

怎么颠覆？

当时，陈明青已经好几年没开公开课了，到基地之后，已是上海市浦东教育发展研究院副院长的周增为不但自己开课，还要求所有学员必须开课。上完课，还要互相评课，不说优点，只说缺点。这让陈明青非常纠结：说的都是教育教学理论，上课的时候根本落实不了，怎么办？

不止于此。陈明青拿着花了好几天才写完的稿子，赶一个多小时路程去让周增为看，结果被大批一顿："回去重写，你的逻辑在哪里？"改完再跑过去，再次被骂："还是思路没有理清楚，回去再想。"回去还是没有内化，再理一遍，还是错的。就这样，一趟又一趟……

就在撕扯和碰撞中，陈明青发觉自己上课的既定模式不见了。而系列化的专家讲课、对话，给她打开了一个新世界。

陈明青平时会看杂志，但是，"A这样说，B这样说，C又这样说，哪个才是权威的？"许多文章看过没理解就迅速抛弃了。基地开发的专家系列化对话，让她得以系统、深入地了解专家的教育教学思想。回过头来，再抽取这个专家的一篇文章看，才看懂了。

这段经历让陈明青看到：原来专业发展没有"天花板"，还可以再往上走！

## 长时间、有意识引导学生如何看问题

陈明青每做完一个项目，就会把它变成自己的东西，持续去研究。

两位特级教师引路，陈明青看到了整个教材的逻辑体系和学生的认知结构。接下来，她向长期以来"折磨"她的关键问题攻关："如何打通这两头，创造既有学理深度又能贴合学生的课？"

在建平中学看周增为上课，陈明青和所有听课人一样吃惊：那么难的问题学生都能接得住！她理所当然地归因为：建平中学的学生好！

但是，在与周增为的深入接触中，陈明青琢磨过来：不是那么回事。"学生这节课能不能接得住，不是这一节课决定的，取决于在此之前的很长一段时间里有没有有意识地去培养这种思维方式。"从此，陈明青从高一开始有意识地训练学生的辩证唯物主义和历史唯物主义思维。

"思政课注重让学生背诵，却没有告诉学生这些记诵点为什么重要，更疏于引导学生如何去看待问题。"陈明青觉得，培养思维方式的方法就隐藏在这里。

超出教材思路，是陈明青经常做的事情。在高一讲市场经济时，陈明青向学生提出了一个问题："今天中国的市场经济体制是与生俱来的吗？"现在的高中学生生长在市场经济体制的背景之下，从未对这个问题产生过疑问。

她带着学生梳理了各届全国人民代表大会关于市场经济的论述，让学生去发现：我国是从计划经济体制到有点计划、有点市场，计划为主市场为辅，慢慢走到市场经济为主的。

"政策一直在变，不变的是什么？"陈明青点题，"是中国共产党一直在探索把经济搞好，把人民的生活水平提高，这件事从来没有变过。"

"不但政治认同产生了，而且学生在后来分析问题时常常有意识地去思考这件事的来龙去脉。"陈明青说。

在高二讲我国的人民代表大会制度时，陈明青课前调研学生印象中的人大制度，学生说什么的都有。陈明青一问才知道，"这都是从网上看来的"。

陈明青没有去说教，向学生抛出了第一个问题："一届全国人大代表约 3000 个名额，中国那么大，你们来设计一个平等、民主的方案。"

有学生说：按人口比例吧。马上就有学生反驳：那不行，人家少数民族和人口稀少的区域就没有代表了，上海人口多不就人大代表无数了吗？

有学生建议：政府官员比例应该降低，提高农民工代表比例。马上又有学生出来反对：不行吧，老师？他们能反映问题，但是政治素养不高，很多重大问题他们也不一定搞得懂吧？政府机关是做决策的，政治素养比较高，让他们当代表还是有好处的。

学生考虑的因素越来越多，他们最终自己得出结论：我国今天的人大制度是由我们的国情决定的。

接着，向学生抛出第二个问题："咱们学校就有人大代表，你们去采访他们，看看他们作为代表都在干什么。"

学生真的去了，人大代表把自己接受了哪些培训、做了哪些调研、提了哪些议案告诉了学生。遇到别的人大代表到学校调研，学生还会主动出击，跟人大代表交流想法。有很多信息都是媒体上没有的，学生知道了人大代表在反映民意、政策演变中的重要作用。

一次，陈明青在班里的"时政讲坛"上问学生："习近平总书记交给上海3项新的重大任务，第一项就是增设上海自贸试验区新片区，你们有什么想法？"

学生提出："如果我们北外滩地区成为自贸区新片区，那我们区的经济发展就不一样了。"陈明青鼓励他们："你们可以去调查研究一下，看有没有可能。"

学生们就去调查自贸区需要什么样的条件，北外滩地区有哪些优劣势，还去咨询学校的人大代表，他鼓励学生："你们这个想法倒蛮好的，如果有相应数据支撑的话，我可以帮你们去提提哦。"

调研的意义在于，让学生真正去了解自己所在的虹口区，这就是主人翁精神。

在陈明青的课堂上，所有的问题都能迁移到生活中，解题也不例外。论述题的解答是有固定格式的，学生将之视为"八股"。陈明青对学生说："论述一个问题就是你观点的表达，格式是用来证明观点的方法经验，这是日常生活必需的技能。"因而，学生容易接受。

"学好政治课是在教人正确地看问题、看世界，不论是顶级人才还是菜市场大妈，只要你懂得这种思维方式，最终都能达到较高认知。"陈明青坦言。

## 把自己发展的心得体会传递给那些还在门外的老师

2013年，陈明青加入了上海市"双名工程"。巧的是，导师又是周增为。

对于这种"巧合"，陈明青很感慨："你会觉得周老师一直在超越，她从德育基地带到名师工程，我的成长路正好是一直做她的学员。"

"双名工程"汇集的是全上海的名师名校长，平台更高，时间也更长，学习更系统了。5年间，陈明青几乎跑遍了上海所有的学校。

"我不是天生就有想法的，跑着跑着，听了数不清的报告，接触了许多老师，看了许多区、县、学校的教育特色。"陈明青总结说，这种积淀太重要了。

2017年，结业之后，基地进入下一轮，陈明青不肯离开。她开玩笑说："我是基地的留级生。"但她心里清楚自己想要什么：如果仅仅做书房里的老师，上上课，是要落后的。她不能停下来，她要到各地去跑，去看，去听。

2017年，陈明青评上了特级教师。这次她没有被过去的成绩所累，而是义无反顾地冲在教育创新的第一线。

有些专家是看着她成长的，给她提意见毫不讳言：明青啊，这个地方要挖深一点，这个东西再调一调吧。很多专家反映，她的课"经得起说"。她说："不是因为我做了特级，我的课就是天底下第一，我有可能在很多地方的处理上存在问题，专家说我，对我和别人都是很好的启发。"

同一年，陈明青要到农村薄弱学校支教带高三。很多人劝她不要去，抛给她一连串的"不可思议"："你疯了，农村的孩子你会教吗？这不是去砸你特级教师的牌子吗？""教高三干什么？你去那里指导，不要带"……

陈明青自己想去："我不怕砸牌子，我不是为了这个牌子才做教育的。"而且，她有信心摸索出一套对农村薄弱学校适用的育人方法:"教育是针对学生的,你的学生不同,你的教育就是不一样的。我这个教案在华东师大一附中是这样教的,同样一个主题,我拿到支教的学校,就会去适应那里的学生。"

在这所薄弱学校,以前最好的思政成绩是 C 档,陈明青带了一年,高考思政成绩整体大幅度提高,还有了 A 档、B 档。

"不是说他们以前的老师不好,而是薄弱学校的老师常常有一种思维定式,认为'我们是最薄弱的学校,我们的学生就是差,不可能好的'。"陈明青用实际行动证明:只要教师愿意去研究学生,愿意去改进教育教学方式,学生就会有长进。

2019 年,陈明青成为上海市第四期"双名工程"攻关计划(中学思想政治)的主持人。她想通过这个平台,"把自己专业成长过程中的体会都传递给那些还在门外的老师"。

在基地,她教学员做调查问卷,把自己抓到的学生问题与学员分享,引导学员去发现、研究学生。为了丰富培训资源,陈明青与自己导师所有的基地合起来办活动,让学员也遇到那些曾经激励自己成长的"关键人"。

对一周一次的"跑校",学员有畏难情绪:老师,能不能只安排半天活动啊?一个月一次可以吗?"不答应",陈明青经历过这样的心理,但她知道"这个过程不能省"。而且,"跑出去"可以扩大影响面,更多地影响普通老师。

一晃,21 年。陈明青庆幸,自己一直在"育人"这条路上。有学生大学毕业后做了公务员,专门来拜访她说:"'对人民负责',我从您这里听到的是最生动的!"

说起陈明青的努力,同事说她"蛮变态的":假期包括过年不去旅游，在家里做课题、写文章、写书；每天回到家，孩子做作业，她坐对面学习或写稿子；别人拿到任务不得不做，她是高高兴兴去做……在专业上，她比别人多花了很多时间。

她说："我愿意牺牲很多东西，奔向这个目标。当你的目标比较大的时候，你就不会在乎别人怎么看你，不会在乎多花了一点时间。"

《人民教育》2019 年 9 月 30 日

张莎莎

最美
2021 ZUIMEI
教师 JIAOSHI

# 教书育人践初心
# 铿锵玫瑰绽芳华

　　张莎莎，1987年12月生，中共党员，中学化学一级教师，2012届陕西师范大学公费师范生，2018届陕西师范大学教育硕士研究生毕业。现为安康中学教师，年级部副主任、理科党支部书记、陕西省教学能手。从教以来，张莎莎时刻以共产党员的标准严格要求自己，积极发挥党员先锋模范带头作用，始终奋战在教学一线，勤奋学习、踏实工作、勇于探索、甘于奉献，以扎实的学识和强烈的责任感，践行一名有师匠追求的新时代优秀教师，以务实创新的工作作风和卓有成效的工作业绩赢得了老师和学生的充分肯定。先后多次被评为优秀班主任、优秀教师，被安康市教育体育局表彰为优秀共产党员、安康市教学能手，被陕西省教育厅评选为陕西省教学能手。

### 初心无悔来时路，做立德树人"逐梦者"

　　初心易得，始终难守。张莎莎从事教师工作已有10个年头，在经历了初为人师的新鲜、初当班主任的紧张、初次教出高三毕业生被重点大学录取的自豪之后，职业生活逐渐归于平常和单调，但她愿做红烛，为中国而教的信念越来越浓。因为每每看到学生用知识改变了命运，她就仿佛看到了多年前的自己。张莎莎出生于安康市汉滨区的一个农村家庭，父母是老实本分的农民，每天忙于农活根本无暇关心她的学习。小学时受语文老师的引导，张莎莎树立了考大学走出去的梦想。中学的时候，父亲身患重病，她因家庭拮据面临退学的困境，她的班主任东奔西走不仅帮她申请到费用减免，还发动同学为她捐款，让在绝望中的她感受到了温暖，找到了坚持下去的勇气。高中张莎莎考入了安康中学，遇到了杨青林、汤守林、刘诗胜等教学精湛、爱岗敬业、关爱学生的大先生，她不仅学到了文化知识、做人道理，还了解到了公费师范生政策，让一直被学费困扰的她找到了希望。2008年7月，她被陕西师范大学提前批师范专业录取，正式踏上了公费师范生之路。

大学毕业，张莎莎毅然决然放弃了去大城市的机会，回到了自己所在的相对落后的安康市任教，她说："是国家公费师范生政策和一路支持帮助我的老师让我圆了大学之梦，以后我要用自己的努力让更多家乡的孩子走出大山追逐梦想。"

## 躬身笃行脚下路，做深耕细作"好园丁"

2012年7月，张莎莎凭借大学的优异表现及获得的国家奖学金、专业奖学金等多项荣誉回到了母校安康中学任教。在校领导的关怀和信任下，9月开学张莎莎在开启教师生涯的同时也开启了她的班主任生活。何以为师，她按照"学为人师，行为世范"的要求躬身笃行，用心用力做好每一件事。

一是抓教学，锤炼能力素质。师者，所以传道授业解惑也。做教师的第一关就是要过教学关。为此她每天晚睡早起，尽可能地利用时间吃透教材、熟悉课程标准、研读优秀教案，结合学情，精心备好每一节课。同时借助学校的大教研、集体备课、师徒结对平台认真地向有经验的前辈请教、学习，不断优化和改进她的教学设计、磨砺她的教学技巧，努力做到平常课示范化。

二是抓班务，落实立德树人。育人为本，德育为先。作为一名教师新兵，班主任责任大、任务重、操心多，是个苦差事，但是面对学校的信任、领导的重托，她没有选择退缩，而是借此机会磨砺自己。年轻的她如何担起德育重任，经过几年的实践和不断改进后她发现：需要教师理念正确、情感真挚、做法用心，然后把自己当成一个养花人，把每个孩子当作开在自己心中的花，用细心去寻找他的花心、用爱心为他搭建成长的平台、用耐心去引导他盛开的方向、用真心去陪伴他所有的成长，以心灵滋润心灵，用真诚和理解唤醒每一个心灵，终有山花烂漫时。

三是抓党建，强化党建引领。2018年，张莎莎当选为校理科支部书记，始终秉承为人民服务的宗旨，不忘初心、牢记使命，认真落实上级党委安排的各项工作，及时将党员、普通群众反映的急难愁盼问题上传到校党委，做实做好支部日常管理。通过开展推门听课、党员示范课、送教送培、社会主义核心价值观宣讲、党员示范岗、支部班子党员带头参与赛教等系列活动，摸索出一套增强业务能力、发挥党员示范引领作用的科学规范、行之有效的模式，将支部生活组织出深度、力度、温度，得到了校党委的肯定和党员的认可。

四是学管理，探索科学备考。2020年9月，学校任命张莎莎担任2019级年级部副主任，主管教学工作，这是对她的信任和鞭策，更是期望和重托。高中学生学习任务重、教师教学压力大，延长学习时间的战术已用到极限、题海刷题的收益在新高考中也大大降低。为了转观念、转教法、转作风，她组织各备课组认真学习《中国高考评价体系》和各学科课程标准，引导大家用新时代教师的角色反思教什么、怎么教，积极探寻科学备考之路。

越努力，越幸运。她的化学课很受学生欢迎，2016年张莎莎被授予安康市教学能手、陕西省教学能手称号，连续3年被评为模范班主任，她任职的理科党支部2018年被评为示范化支部，她也被评为市直教育系统优秀共产党员、优秀党务工作者等。荣誉背后，是学生的理解、家长的信任、同事的支持、领导的厚爱，国家的好政策，更是她躬身笃行、深耕细作成就了新手教师的快速成长！

## 矢志不渝未来路，做启智润心"先锋官"

马卡连柯在《教育诗》中写道：教育是像诗一样美好的科学，尤其是教育新人的过程更如同诗歌创作一样，其间充满着艰难困苦的探索，同时也极富浪漫传奇的色彩。随着张莎莎教师生涯的延长，在真切地体会到教师的成就感与幸福感的同时，她越来越能感觉到教育的艰辛、教师的责任。如何真正做到为党育人，为国育才，培养德智体美劳全面发展的社会主义建设者和接班人，成为她不断追求的方向。

"一辈子做教师，一辈子学做教师。"这是"人民教育家"于漪演讲中的一句话，也是张莎莎现在的心声。现在当教师、一辈子做教师是她无悔的选择。在教育迈向高质量发展的新阶段，如何保证教师自身高质量发展是她不断探索的方向。2018年她攻读完成了在职教育硕士，借助中国大学慕课平台在重温《无机化学》《教育学》《心理学》等课程，未来她计划挑战双语教学、竞赛辅导……在不断的学习中，以学识、温情、仁爱、奋斗做一名有师匠追求的教师。

培根铸魂、启智润心，做人民满意的教师。习近平总书记在全国教育大会上强调，加快推进教育现代化、建设教育强国、办好人民满意的教育。安康人民迫切向往公平而有质量的教育，教学一线的她认为办满意的教育首先自己要努力做一名人民满意的教师，以扎实的学识和强烈的责任感引导学生锤炼品格、学习知识、培养能力、提高素养、树立正确的价值观，做到教好一个学生，稳定一个家庭，造福一方百姓。

◆ 张莎莎给学生上课

兴教必先强师，让最优秀的人培养更优秀的人。百年大计，教育为本；教育大计，教师为本。基层学校面对的最大问题是师资不强、生源流失。在平时工作中，张莎莎除了不断学习、追求进步，还经常向学生介绍自己的成长过程，给学生推荐国家公费师范生政策，鼓励优秀的学生积极报考师范专业，做乐教、适教、善教的新时代孩子的筑梦人。鼓励优秀毕业生回乡任教，为做到让有信仰的人来讲信仰，有道德的人来讲道德，让最优秀的人培养更优秀的人而不断努力！

工作中偶尔也会有不如意和不顺利，但张莎莎总能坚强面对，用昂扬的斗志迎接一个个新的挑战。作为一名公费师范生，她时刻不忘初心和责任努力教书育人，用微笑和双肩为家乡学子筑起一道攀登梦想的阶梯！

*教育部教师工作司供稿*

# 张莎莎：做乐教、适教、善教的新一代"筑梦人"

◎ 孙海华　胡晋瑜　李　彧

"我就在贫困地区长大，这里的孩子更需要年轻教师！"10年前，大学毕业的张莎莎放弃了在大城市工作生活的机会，回到家乡，扎根在秦巴山区集中连片特困地区的陕西省安康中学。

近10年里，张莎莎先后被授予陕西省、安康市教学能手称号，获得模范班主任、优秀共产党员、优秀党务工作者等荣誉。无悔和感恩是她从教近10年来和学生们聊得最多的话题。

出生在安康市大同镇普通农家的张莎莎，曾因贫困险些辍学。"莎莎是个学习的好苗子，不能耽误了孩子！"小学四年级时，语文老师和父母的一番谈话，改变了张莎莎的人生——她的生活得以从放学后忙不完的"割猪草"转为在桌前温习功课，学习成绩名列前茅。

然而好景不长，父亲的重病再次给张莎莎的求学之路蒙上阴影。经济拮据，加上父亲需要照顾，在城里读初二的她不得不面对"回到农村"的选择。张莎莎清楚记得，主任王功安老师苦口婆心地说："家里有什么困难，你和我说，学校和老师帮你解决，城里的教学资源可不能这么丢了。"王老师发动同学捐款，还帮她申请到了相关资助和学费减免，并和她母亲多次沟通，张莎莎得以留在原校念书，并以优异成绩考入安康中学读高中。

转瞬间高考在即，张莎莎再次陷入忧虑：家里经济困难，自己会不会因为付不起学费而与大学失之交臂？班主任刘诗胜老师看出她的煎熬——"你知道师范生公费教育政策吗？读师范大学可以免学费，还有生活补助。我看你性格稳重、做事认真，很适合当老师。"

"每每最艰难的时刻，都是老师让我感受到了温暖，再次找到坚持下去的勇气。"高考结束的张莎莎做出了自己人生的重要抉择——报考国家公费师范生。2008年7月，被陕西师范大学顺利录取的张莎莎，踏上了公费师范生的求学之路。

大学期间，因成绩优异屡获奖学金的张莎莎得到了去深圳等大城市的实习机会，并受到多所学校青睐，但她从未动摇过："哪都不去，就等安康的学校来招！老师是我的'贵人'，我要给更多的孩子当'贵人'。"

2012年7月，张莎莎如愿回到母校安康中学任教。近10年里，张莎莎用过硬的教学水平和育人初心，得到了同事、学生和家长的认可。而她思考最多的是如何把所教的每一个孩子培养成才，"尤其是那些身处困境的学生，要让他们在今后更好地做人、更有尊严地做事"。

2014年，张莎莎带领学生冲刺高考。班里的学生李可（化名）家境贫寒、刻苦努力，却不幸在高考体检中查出肺结核，被迫离开课堂。这是张莎莎所带的第一批高三学生,"一个都不能少"是她对学生们的承诺。

正在李可陷入迷茫时,张莎莎出现在了病房——"没关系,我们还有时间!"张莎莎定期跑医院,鼓励李可积极接受治疗,带来各科资料、试卷,辅导李可继续复习。经过努力,李可最终考取了心仪的大学。

"以前,在我遇到困难时都是老师帮助我,今天我也帮学生圆了梦。"张莎莎说,这正是自己回乡任教的初衷。2018年9月,孩子还小的张莎莎又主动申请去安康第二中学支教,改善那里师资力量薄弱的状况。"那里的孩子也需要关心、呵护。"在她的培育和影响下,学生们的成绩大幅提升,支教任务圆满结束。

在张莎莎眼里,每个孩子都是一朵花,需要老师用爱心为他搭建成长平台、用耐心去引导他盛开的方向、用真心去陪伴他所有的成长,"只有以心灵滋润心灵,用真诚和理解唤醒每一个心灵,才能终有山花烂漫时"。

张莎莎的化学课讲得深入浅出,严谨的板书也让学生们印象深刻。班里的化学课代表张修铧告诉记者:成为像莎莎老师一样的人民教师,是很多同学的理想。

人民教育家于漪说过"一辈子做教师,一辈子学做教师",这也是张莎莎记在心里的话。每天她晚睡早起,尽可能吃透教材、熟悉课程标准、研读优秀教案,备好每一节课。她还借助学校的集体备课、师徒结对平台,向有经验的前辈虚心求教,不断优化和改进教学设计、磨砺教学技巧。

几年时间,她不仅攻读完成了在职教育硕士,还借助中国大学慕课平台重温《无机化学》《教育学》《心理学》等课程，并投入双语教学、竞赛辅导的学习积累中。

除了自己不断学习、钻研教学，张莎莎还经常向学生讲起自己的成长过程，鼓励优秀的学生积极报考师范专业，做乐教、适教、善教的新一代"筑梦人"。"每每看到有学生因为知识改变了命运，就仿佛看到了多年前的自己，我的脚步就不会停歇。"张莎莎说。

《中国青年报》2021年9月13日

# "长大后我就成了你"

## ——记 2021 年"最美教师"张莎莎

◎ 方敬尧

"同学们，大家看这个挺着大肚子，但有着小细腿的，就是梨形分液漏斗。你们有人是这个身材吗？"这是安康中学化学老师张莎莎课堂上的一幕。在她的课堂上，总能听到孩子们的阵阵笑声。

课堂上的欢声笑语，离不开张莎莎课前的精心准备。9 月 17 日，张莎莎像往常一样早早来到办公室，坐在办公桌前开始备课。

张莎莎已在安康中学担任化学老师近 10 年。在她看来，三尺讲台是实现人生价值的舞台，意味着更多责任。从教这么多年，张莎莎已不记得教过多少学生，为多少学生答疑解惑过，但她永远记得选择职业时的初衷：要做一名好老师，帮助更多学生走上成才之路。

作为全国近 10 万名公费师范生中的优秀代表，张莎莎被中宣部、教育部授予 2021 年"最美教师"称号。全国仅有 10 人获此殊荣。

1987年，张莎莎出生在安康市汉滨区一个普通的农民家庭。上学时，她的成绩很好，基本每次期末考试都能拿到奖状。"当时的语文老师对我们的书写要求很严格。得益于老师的严格要求，现在我自己的板书与教案都写得很整齐。"张莎莎说。

小升初时，张莎莎成绩不错，考到了安康市初级中学。可初二那年，张莎莎的父亲患病，家里的支出陡然增加。为了让她不辍学，班主任王功安想了很多办法，还帮张莎莎申请到了相关资助和学费减免。在老师的帮助下，张莎莎得以留在学校念书，并以优异的成绩考入安康中学。

从那时起，张莎莎便立志要成为一名老师。

"一路走来，我得到了多位好老师的帮助。如果没有遇到他们，就不会有现在的我。"张莎莎说。

怀着成为一名老师的志向，2008年，张莎莎被陕西师范大学录取为公费师范生。2012年毕业那年，安康中学来陕西师范大学举行

◆ 张莎莎课间辅导学生

校招，张莎莎成为安康中学的一名化学老师。

毕业于安康中学，又回到安康中学任教。张莎莎说，正如一首歌中所唱的"长大后我就成了你"，自己像一只小鸟又飞回了母校。

在安康中学这几年，张莎莎用她过硬的教学能力，得到了同事、学生和家长的认可。

让张莎莎印象深刻的是她带的第一届学生。当时学生杨国庆一直生病住院，不能来学校上课，高考临近，他很着急。张莎莎多次前去探望杨国庆，并耐心为他讲解各项习题，让他能有一个好的学习状态。

最终，杨国庆被山东理工大学录取。"莎姐陪我度过了人生最黑暗的一段时光，让我逐渐走出阴霾。如今我实现了当时的梦想，成了一名光荣的人民警察。"杨国庆说。而像这样得到张莎莎帮助的学生还有很多。

近10年的教师生涯，张莎莎有很多收获："教师对孩子的影响很大，甚至会影响到孩子的一生。因此，这么多年我都是认认真真、踏踏实实地努力做一名称职的老师，引导更多学生走上成才之路。"就这样，张莎莎通过自己的努力，获得了陕西省教学能手等多个省市级荣誉，用实际行动诠释了人民教师的担当与奉献。

得知自己获得2021年"最美教师"后，张莎莎说："我只是一名普普通通的教师，这个荣誉的分量太重了！每每看到学生因为知识改变了命运，就仿佛看到多年前的自己，觉得奉献与坚守都是值得的。"

"教师是一盏灯，灯亮一点，光明就多一点。未来，我会把化学课讲好，让课堂上既能有理科的思维碰撞，又能多一些文化气息，用我的努力去切断贫困的代际传递，让学生们成长得更好。"张莎莎说。

《陕西日报》2021 年 9 月 29 日

马建国

最美
2021 ZUIMEI
教师 JIAOSHI

# 立足最北学校　践行教育初心

马建国，47岁，中共党员，现任黑龙江省漠河市北极镇中心校校长。1997年毕业于克山师专地理系，后进修哈尔滨师范大学地理系，获理学学士学位，中教高级职称。2000年荣获大兴安岭地区优秀教师，2006年荣获大兴安岭地区优秀班主任，2007年荣获全国优秀教师，2008年被评为漠河县优秀共产党员，2013—2019年被评为漠河市教育先进工作者。

### 心系教育事业　情暖学生心田

马建国的家乡在山东菏泽。上大学的时候，老师说："咱们国家南有三亚，北有漠河，漠河是我们国家唯一可以看到北极光的地方。"1997年大学毕业，怀着对极光的向往，马建国一路向北，踏上寻光之旅，只身一人来到中国最北的小山村，成为北极镇中心校的一名普通教师。

北极镇中心校位于北极村，这里气候严寒，交通落后，2009年才通公路。冬天路滑，客车从县里到村里距离80多公里，却要开上

3个多小时才能到达。村里直到2007年夏天才有了国电。冬天特别漫长，冰封期长达六七个月，最低气温达到零下四五十摄氏度。初到北极村，气候的反差让马建国极度不适应，学校的办学条件也很差，教室里只有一个用大油桶改造的铁炉子烧柴火取暖，每天早晨各班级总要有轮流值日的学生提前点燃炉火。但在马建国的班级里，"值日生"永远是他自己。每天不等学生们来，马建国就早已把炉火点燃，想让孩子们一进教室就能感受到温暖。

更令马建国担心的是，学生的学习成绩普遍比较差。学生学习不好，更需要好老师。学校也曾来过不少老师，但他们待不多久就一个个地走了。面对这样的艰苦条件，马建国一度也想离开，当时他心里非常矛盾，特别是来了就当班主任，每当他看到班里那一双双求知的眼睛，这种责任和爱根本放不下，于是他就告诉自己坚持一下，再坚持一下希望就会来了，没想到这一坚持就是24年。

## 爱心铺就成功路　真情沐浴新教坛

身为一名教师，马建国深知教书育人的核心是育人，所以为了使学生从小树立起正确的人生观、价值观和道德观，他时刻注意自己的一言一行，严于律己，以身作则，用自己的模范行动影响和感染同事和学生。

2007年3月的一个晚上，马建国上完课回家，由于天寒地滑摔了一跤造成小腿粉碎性骨折，医生一再强调卧床休息，但马建国所带的班级是毕业班又临近中考，班里30多个学生是他心头的牵挂……之后的一个多月里，他不顾医生的劝阻，忍受常人难以忍受的疼痛，坚持拄拐上完了初三数学和化学课程。看到孩子们日益提高的成绩，他从心底乐开了花！这届学生的学习风气达到了历届学生之首，当年考入地区实验中学6人，开创了当时北极镇的最好成绩。也就是这一年的夏至节前，马建国看到了他来到这里10年后的第一次北极光。

## 关爱残疾学生　升华学生心灵

为了培养学生们良好的思想品质，马建国经常在报纸和刊物上摘录一些优秀人物的事迹讲给学生们听，使孩子们很受启发。结合实际，2008年9月，马建国在班级开展了"手拉手"爱心奉献活动。有一名叫丛洪洋的学生，从小双腿肌肉萎缩，天天上下学需要父母背着接送，随着小洪洋年龄的增长，体重也不断增长，体弱多病的父母越来越吃不消，父母有心让小洪洋休学，但又于心不忍，只好忍着负荷一天来回多次接送孩子。马建国了解到情况后很着急，马上召集班委会成员成立了"洪洋志愿队"。他和班级的孩子们接过了洪洋父母的担子，开始了每天的接送工作。北极村的冬天来得特别早，天寒地滑增加了他们接送洪洋的难度，可他们仍每天冒着大雪按时接送，从没有耽误一节课。就这样，文明之风在班级里刮起，文明之花在班级里绽放。

2010年8月，在学校的安排下马建国既担任党支部书记工作又担任初中地理和化学的教学工作。为了不辜负家长和学生的期望，每节课他都精心设计，并结合学科特点做一些有趣的实验，大大调动了学生的学习积极性。初三班有个叫邢依梦的女孩子，有严重的孤独症，从不同班级的同学和老师说话，经常在楼梯口站着不上课，但马建国发现上化学课她从不耽误，有一天马建国正在巡视学生的练习情况，路过桌前时，邢依梦用手轻轻地拽了他的衣角，递给他一张小纸条。纸条上写着："老师我也不知道怎么回事，我越来越愿意上你的课了——邢依梦。"马建国非常激动，他感觉做一名教师很快乐，并暗暗发誓一定好好教课，让越来越多的孩子喜欢上他的课。

## 蜡烛火焰尽燃烧　人格魅力闪光芒

工作中的马建国，把恒心赋予在了教书育人的事业上，把爱心奉献给了学生，把关心留给了同事，却把家务留给了妻子。2002年秋季的一天晚上，马建国看到离家不远的地方火光冲天，他立刻放下碗拿起手电和铁锹就向着火点奔去。原来是同事家的仓房着火了，火势越来越大，快要蔓延到主房，形势非常危急。马建国来不及多想便和武警战士一起冲进了火屋，经过奋战房子终于保住了。此时的他已浑身湿透、气喘吁吁，武警战士批评他不顾个人安危，但当时的马建国只想着"一方有难，八方支援"。

在学校，马建国是孩子们的好老师，同事们的知心人，而在家里，他却不是一个好丈夫、好父亲。每天在家里的时间除了吃饭就是睡觉，其余时间不是在学校就是到学生家家访。几乎所有的家务都留给了妻子，邻居们有时问妻子，你家那位咋就那么忙？妻子总是幽默地回答：我家那位学总理呢，日理万机。孩子在学校上了9年学，马建国却从没有给自己孩子辅导过一天课，妻子为此常常埋怨。孩子大了总想让爸爸陪着玩，他却总借口上厕所而偷偷溜掉，他不是不想享受天伦之乐，而是学校还有学生等着他辅导功课呢。

## 深化教学改革　创建北极名校

2013年，马建国成了学校的校长。站在新的起点上，马建国想尽各种办法，积极与高效课堂改革经验丰富的学校联系，带领学校业务骨干多次实地考察、蹲点学习。白天在名校全程跟踪，现场体验，晚上回到住处及时交流，深刻反思，借鉴名校先进办学经验，结合本校实际，完善了符合学校发展规律的教学模式——"先学后教·当堂达标"学案导学模式。经过8年的摸索实施，该模式优化了课堂结构，促进了学生学习兴趣，同时也取得了优异的成绩，近8年的中考升学率居大兴安岭地区前列。

在马建国的倡议下，学校还开展了子建文学社、少年宫等丰富多彩的社团活动。近年来，学校的学生数触底回升，不仅没有流失一个生源，反而每年都有外地学生慕名来学校上学。

身在最北方，心向党中央。身为最北学校的老师，马建国和他的同事们一直在用自己的毅力和坚守，用充满活力的教育，擦亮祖国最北方学校的品牌，在祖国的最北学校践行教育初心！

教育部教师工作司供稿

# 做学生心里的"北极星"

## ——记"最美教师"马建国

◎ 杨思琪　杨　喆　谢剑飞

从山东菏泽到黑龙江漠河，2700多公里；从毛头小伙到鬓角斑白，24年——这是马建国从教的时空印迹。他所在的北极镇中心学校，位于黑龙江省漠河市北极村，地处我国版图最北端，被称为"最北学校"。

马建国家在山东，1997年从黑龙江省克山师范专科学校毕业，只身留在祖国北疆，憧憬成为一名教师。

初到北极村，学校的办学条件让他高兴不起来。

从县城到村里不通公路，80多公里的路程要三个半小时才能到达；村里用柴油机限时供电，晚上漆黑一片，一个人住在学校，总是止不住地难过；北极村的冬天来得早，从九月底开始飘雪，长达六七个月，最低气温达零下四五十摄氏度，而教室里只有一个大油桶改造的铁炉子，靠烧柴取暖……

更令马建国忧心的是，学生的学习成绩普遍偏差。

为了让这些学生成绩赶上来，马建国除了上课教，课下也不放松，利用放学后的时间给学生们"开小灶"。地理、语文、化学、生物、数学……这些年来，学校缺啥科目的老师，马建国就"客串"啥。他说，由于师资不够，教师兼授不同科目是学校里的常态。村里农忙时节，家长们无法顾及孩子，还委托他加上晚自习。

2007年的一个冬夜，马建国下了晚自习走路回家，天寒地滑，不小心摔了一跤，没想到右腿粉碎性骨折。医生告诉他要卧床休息，但在家待了一个多星期，马建国就让妻子借轮椅推他去上课。妻子不同意，他就自己拄着双拐一路挪到学校。因为班里30多个学生临近中考，他心里着急。

"我一回到班级，孩子们特别欢迎我。看我坚持教学，他们也变得特别努力。"马建国说，那一年全班有6个孩子考进重点高中，创下全乡镇历年来最好成绩。同年，他获评全国优秀教师。

在马建国看来，当老师不仅要传授知识，更要教给学生做人的道理。他经常在报纸刊物上摘录一些优秀人物的事迹，利用零碎时间讲给学生听，给他们带来启发。

2008年，班上的男生丛洪洋因从小双腿肌肉萎缩，需要父母背着接送上学，本就体弱多病的父母一度想让他休学。马建国知道后，立刻在班级里召集起一支"洪洋志愿队"，把接送小洪洋的担子扛在了自己和学生身上。从那时起，即使是风雪天，小洪洋也没耽误过一节课。

"看着孩子们有变化、有成长，我就非常激动。我感受到了做一名教师真正的快乐，发誓一定要好好教书、教好书，让更多学生得到帮助。"马建国说。

◆ 马建国给学生上开学第一课

由于地处偏远、条件艰苦，学校来的不少老师一个接一个地调离。自2002年以来，不少领导和校长找到马建国，想调他去更好的学校。但他始终没有动摇，依然在北极村坚守。因为在他心里，这里的孩子更需要他。

2013年，马建国开始担任学校校长。在他坚持下，学校每学期都拿出一部分经费，安排教师到全省先进学校学习。他们白天在现场体验，晚上及时交流、反思，借鉴先进办学经验，完善符合学校发展实际的教学模式，激发学生学习兴趣。马建国还倡议学校开展文学社、舞蹈队等社团活动，赢得了家长和学生的认可。

近年来，得益于义务教育均衡发展，学校办学条件得到改善，配备了各类实验室及信息化教育设备等。不仅本乡镇生源没有流失，每年都有外地学生来校就读。

"不惧冰雪,我有热血,选择了乡村教育,就义无反顾地追求,践行教育初心,点燃乡村希望。"马建国说,他希望更多人关注并投身到边疆教育事业中,为这里的孩子撑起更好的未来。

新华社哈尔滨 2021 年 9 月 12 日电

# "最偏远的地方最需要教育坚守"

## ——重访中国最北学校黑龙江省漠河市北极镇中心校

◎ 张 滢

"自从上次你们走后,学校大变样啦!一定要再来看看!"

如果说校长马建国电话里的邀约还不够有吸引力,那么他下句话卖的关子则成功燃起了记者的好奇心:"我们来了新老师,有你不认识的,也有你认识的。"

新老师,没见过正常,认识才奇怪。急于揭晓谜底,时隔3年,记者重访我国最北的国门学校——北极镇中心校。

### 最大的不变是变化

3年前,记者随中国教育报"边疆行"融媒体报道团队来到北极镇中心校。

学校所在的北极镇,位于黑龙江省大兴安岭地区漠河市,是我国地理位置最北的乡镇。镇中心北极村，有最北银行、最北邮局、最北医院……当然，还有北极镇中心校这所人们眼中的最北学校。

临近夏至，神州北极开启了一年一度的"不夜"模式，晚上8点多日落，凌晨3点就日出。

夏日的校园在阳光的照射下显得生机盎然，马建国乐呵呵地告诉记者这里的变化："你看，经过前两年的薄弱校改造工程，原来的沙土地面变成了硬化水泥地面。现在，就算碰上刮大风，学生也不用再灰头土脸地上体育课了。""你再看，教学楼3个楼层的走廊都设置了文化长廊，学生每天在里面转悠着就受到了校园文化的熏陶。""现在我们的教学设备不输给任何城市学校！"最令马建国自豪的是，2021年年底，学校每个班级都配备了最新的电子白板，以前只在教学片里见过的教学一体机、触摸屏，"一下子全有了"。

学校是九年一贯制，一个年级一个班，一共才9个班。每个班里教师都在认真而忙碌地做着课前准备。

初三年级的教室里，在一体机前操作的女教师是记者采访过的郭素丽。结合触摸屏上显示的习题，显示此前从事历史教学的她，现在已经转教语文。

"马上要中考了，该讲的内容早就讲完了，今天赶早来下载几道习题好在课上给学生进行最后的查漏补缺。"郭素丽笑着说，现在自己最大的愿望就是——学生百分之百都能考上心仪的学校。

马建国解释说，乡村学校因为学生数较少，按生师比很难配齐相应科目教师，基本所有教师都要承担多门学科教学乃至兼任学校的各项工作，就连他自己也是哪里需要就去哪里救场。记者还是忍不住提出疑问："老教师教新学科，不就变成'新教师'了吗？不同学科的教学，教师们真能适应吗？"

马建国慢悠悠地仍以郭素丽举例说明。从教8年，郭素丽承担过语文、历史、道德与法治、英语4门学科的教学工作。2020年10月底，在黑龙江省中小学班主任专业能力大赛中，她凭借扎实的教学基本功和多年来从教积累、总结出的班级管理经验，经过3天激烈角逐，从全省110名参赛教师中脱颖而出，一举拿下一等奖。

"不只是郭老师，我们所有老师都是这么努力、要强。"马建国补充了一句。

## 人人皆有无限可能

的确，刘文泉担任学校的德育主任，兼任初三的道德与法治教师，还是学校"子建文学社"的社长；李希俊不但承担初中所有年级的体育课教学，还是学校的工会主席，兼任食堂管理员……有限的教师队伍，在马建国的排列组合下，产生了无限的可能性。

其中，有一种可能性，完全出乎记者意料——初一年级教室里，一张熟悉的面孔笑意盈盈。

是于晶！

"没骗你吧，这位新老师，你真的认识。"马建国揭开谜底。

3年前记者见到于晶，还是在距离学校百公里开外的北红村，那是我国地理位置最北的村子。记者走进她与王忠雷老师的日常生活，为他们两口子克服极寒之地恶劣的生存条件，持续多年坚守在教学点北红小学而感动不已。

马建国介绍，由于北红村的孩子实在稀少，北红小学实行隔年招生，去年两位教师遇到了难题——儿子小北适龄却无法入学，正好中心校缺语文教师，学校考虑再三，决定将于晶调来中心校，小北也得以顺利升入一年级。北红小学则由王忠雷和一位由漠河市来支教的资深教师留守。

从小学教师一下子变成初中教师，哪能一帆风顺。"刚开始，我总是惴惴不安，拼命备课怕被学生问倒。"于晶坦言。

据马建国观察，半年多过去，于晶慢慢变得松弛下来。松弛带来的是和谐，不但学生学习越来越"上路"，师生关系、家校关系也渐入佳境。

多年来，于晶保留着自己上大学时练钢琴的习惯。有次她搬来一台电钢琴在学生面前小试牛刀，一曲《梦中的婚礼》把大家都镇住了。但孩子们的理解很有限——"老师，我表哥结婚，吃席的时候放的就是这首曲子！"

"我跟孩子们说，老师给你们补上这一课。"兼任音乐教师的于晶，带着孩子们从五线谱一点一点学起，又结合这个年龄学生喜闻乐见的流行音乐创编室内操，把课余生活调剂得有声有色。

"像不像王忠雷以前形容于晶的那句'她把光明带来了'？"看到"新教师"于晶给孩子们带来的变化，马建国由衷地感叹。

于晶并不满足于现状，触角又伸向了绘画。

绘画是她自学的，原以为不过是"现炒现卖"，结果在北红小学带过的一名零基础学生上了初中重拾爱好，前阵子获得黑龙江省中小学书画比赛一等奖。而她，是那个孩子绘画路上唯一的指导教师。

"我不想让我们北极镇的孩子以后走上社会，连基本的线条、构图都不懂。"小小的成果，增加了她的信心。她琢磨着利用这个特长，在语文教学中渗透美术欣赏和基础创作，加深学生对文本的理解。

"于老师，您这个学音乐出身的语文老师，总想带着我们画画，是不是有点不务正业呀？"孩子们调侃归调侃，最爱上的就是于晶的课。

这些善意的调侃，总让于晶想起远在北红小学的丈夫王忠雷——这位学体育出身的数学教师，"数学是体育老师教的又怎样，只要我们肯下功夫，一样教得好"！

## 身在最北，坚守最北

3年前，记者曾把一个观察所得变成问题，抛给马建国和教师们：对于异乡人来说，到北极村或者北红村就是为了"最北"两个字。"找北"，似乎更多源自一种对地域乃至生命边界感的好奇。那么，对于身在其中的人来说，"最北"又意味着什么呢？

对于这个问题，教师们通常的反应是摇摇头，说"从没想过"。有意思的是，他们每个人的故事里又都有"找北"的成分。

"咱们中国，南有三亚，北有漠河，漠河是中国的北极，定会有发展。"一次，马建国说起自己大学时受老师一句话的影响，毕业后从山东来到漠河寻求发展的经历，越说越激动，突然冒出一句："最北就是祖国最偏远、最艰苦的地方，也是最需要教育坚守的地方。"

2021年教师节前夕，中宣部、教育部向全社会公开发布10位"最美教师"先进事迹。马建国就是其中之一。

到北京参加完活动回到学校，想来想去，他在向上级部门的汇报材料里，又写下了上面那句话，因为它最能表达自己对教育的理解。

全国只有10位"最美教师"，为什么就有一位是马建国？想来，国家正是为了表彰许许多多和马建国一样，在祖国"最偏、最远、最艰苦"的地方坚守的教育工作者。

党的十八大以来，在这些祖国最需要的地方，教育工作者们为边疆教育倾尽全力，为打赢脱贫攻坚战、全面建成小康社会、推进乡村振兴、加快区域发展作出了不可磨灭的贡献，让边疆地区的群众收获了实实在在的幸福感。

"3年前，我们学校的学生数是150人。今年，是160多人。"在全国其他地区乡村学校生源萎缩的大背景下，近些年，北极镇中心校的教学质量在大兴安岭地区始终名列前茅，大大增强了对本地家庭的吸引力。每年不但一个本地生源都不会流失，还有外地学生慕名来学校上学。

慕名而来的不只学生。2021年，学校破天荒迎来了两位年轻的特岗教师——郭阳和刘畅。

家在地区首府加格达奇的郭阳，毕业于黑河学院，是个热情洋溢的90后姑娘。谈起到乡村学校任教的选择，她直言不讳："我不喜欢的事，谁也勉强不来。我就喜欢当老师！"

在马建国眼里，这个新教师成熟得不像这个年龄段的女孩子："她怪着呢，吃穿都不讲究，周末还不喜欢回家，就愿意待在学校琢磨教学，和学生在一起。"虽然是抱怨的语气，听起来却更像慈父欣慰于女儿的成长。

2021年，马建国还干了件大事：从漠河市"忽悠"来一位葫芦丝演奏高手，每周四、周五下午，教学生吹奏葫芦丝。现在，这个小乐队已经发展到六七十人。

◆ 马建国进行校内安全检查

只有对比过学校的学生总数和了解过当地乡村社会的整体氛围，才会明白马建国做这件事的分量。对于乐器，本地家庭即使有心也根本不知道从哪里起步。毕竟，从镇里去趟县级市，光坐车就要两个多小时。

和3年前已经有的"北极娃舞蹈队""子建文学社"等学生社团，以及"雪地足球""冰上运动"等校园活动一样，学校始终在想方设法丰富孩子的课余生活。

其实，作为旁观者，短暂的采访很难真正了解北极镇中心校这3年的变与不变。变的，当然是边疆教育发展得越来越好，群众的教育获得感、幸福感越来越强；不变的，则是边疆师生们的教育坚守，执着、温情，充满希望——与3年前一样。

《中国教育报》2022年6月20日

次仁拉姆

最美
2021 ZUIMEI
JIAOSHI
教师

# 安之若素　静候陌上花开

次仁拉姆，藏族，中共党员，西藏自治区那曲市特殊教育学校校长，正高级教师，1994年毕业于西藏民族学院中师班。从教20多年，从最初的一名普通的中学教师，到那曲地区（今那曲市）幼儿园书记，再到特殊教育学校校长，次仁拉姆先后填补了那曲市学前教育和特殊教育两个领域的空白，是当之无愧的先行者。

## 三尺讲台育桃李，一支粉笔写春秋

1994年7月，次仁拉姆怀着对教育事业的无限热爱走上了三尺讲台。初中教学3年、高中教学10年、学前教育6年、特殊教育9年，从一名普通教师到学校管理者，再到西藏名校长、五一劳动奖章获得者、自治区政协委员、西藏自治区第十次党代会代表、"最美教师"、中国共产党第二十次全国代表大会代表。无论是在一线教学，还是身处管理岗位，次仁拉姆始终以良好的师德师风和拼搏进取精神感染身边的人，同时也得到了学生、同事和社会的广泛赞誉。

有人说她是一个"铁石心肠"的管理者，但在严肃的背后，是对学生无限的大爱。2007年，次仁拉姆担任那曲地区（今那曲市）幼儿园副园长，在一次巡查中发现一名老师在幼儿午睡时脱岗，当即对其进行了严厉的处罚。被处罚的老师开始并不理解，认为这是小题大做，但次仁拉姆却在事后耐心细致地向老师讲解幼儿安全的重要性，不仅解除了老师心里的疙瘩，还帮助她一步一步成长为优秀教师，走上了管理岗位。在次仁拉姆看来，学生安全无小事，严格的管理制度是对学生和家长负责，在工作中必须做到"铁手腕、铁心肠"，宁愿让职工骂红脸，也不能让家长哭红眼。

担任那曲市特殊教育学校校长期间，次仁拉姆也总结了一套自己的管理经验。充分发挥基层教师的个人优势，尊重每个人的劳动成果，让更多的人体验成功、获得激励。同时她还引入了错位发展，追求良性竞争理念，尽可能让每位教师都能愉快地做自己喜欢的工作，有展示自我的平台。因此，那曲市特殊教育学校教师队伍，也从最初的17名增加到现在的76名。8年来没有一名教师流失，教师职称也从最初的1名副高级教师发展到如今的15名副高级、1名正高级，研究生教师比例也提高到了19%，其中6名教师获得国家级荣誉、15名教师获得自治区级荣誉，成为西藏特校甚至是普通学校里的佼佼者。如今的那曲市特殊教育学校开始分类办学，开办了第二特殊教育学校，主要以盲聋为主，那曲市特殊教育学校办学方向为培智教育。这对她来说又是一次新的挑战。

## 没有爱，就没有教育

次仁拉姆与特殊教育结缘是在2003年的一次宣讲报告会上，当时拉萨市特殊教育学校的校长对特殊教育的教学理念娓娓道来，激起了次仁拉姆内心深处的热血。2012年寒假的一个任命电话，让次仁拉姆心中的那粒种子，有了生根发芽的土壤。她毅然决然地接受了那曲特殊教育学校校长的任命，但如何招生，却成了最大的难题。

那曲，地广人稀、居住分散，不仅生源少，家长也对特殊教育存在认知偏差。为了不让任何一个残疾儿童失去受教育的机会，面对领导的质疑、同事的担忧，次仁拉姆在开学前，花了整整两个月的时间走村入户，足迹遍布那曲周边所有县（区）乡（镇）村，凭借"三寸不烂之舌"，成功招到了60个残疾孩子入学。

初入学的残疾孩子，没有常规意识，什么也不懂，如果老师不提醒，尿裤子是常有的事。次仁拉姆和老师们不仅需要在课堂上培养他们的学习习惯，在生活中还要担任家长的角色。喂饭、洗澡、洗衣服、搞卫生，为了培养这些残疾孩子的生活自理能力，需要一遍遍不厌其烦地教。

不同于接受了特殊教育专业培训的其他17名教师，次仁拉姆在这个向往又陌生的领域，经历了太多的人生第一次。第一次给行动困难的学生擦屁股，第一次带残疾学生前往外地医院看病就诊，第一次看到自己的学生离开这个世界。这是一场生命和时间的赛跑，为了守护这些"折翼天使"，次仁拉姆必须打赢这场无声的战争。为了和聋哑学生交流，她自学手语，为了走进盲人学生的内心，她和学生一起感知这个世界。还有那些无法入校读书的重度残疾儿童，她利用寒暑假时间，开展送教上门工作。

那曲特殊教育与普通教育的不同之处在于，除了校内的学生，还有一大部分是无法入校读书的重度残疾儿童。每学年年末，次仁拉姆都要与教师们一起制订次年的送教上门工作方案，及时更新学生的最新信息，建立一人一案，开展上门送教活动。次仁拉姆至今仍记得聂荣县永曲乡的一个学生。初见那孩子时，谁都无法相信眼前这个肌肉萎缩、仿佛婴儿一般的孩子已经15岁了。因为几乎没有自理能力和认知能力，次仁拉姆只能简单地与他沟通几句，与家长强调一些护理事项后便难过而归。几个月后，次仁拉姆又去看望了。不久后孩子因病去世了，这是留在她心底最深的记忆，虽然开展送教工作也无法达到预期的效果，但次仁拉姆依然认定必须坚持下去，因为这是特殊教育的重要一环。

为了让特殊孩子能够掌握一技之长，建校之初，次仁拉姆就在大龄聋哑学生中开设职业教育。她创造性地提出"三位一体"的办学模式，即集中教学、康复训练、职业教育，上午是国家课程标准的文化课，下午是个别化的教学计划——康复训练，如音乐感统、扎念、手工、绘画等。她还为大龄孩子开设编织班、裁缝班、卡垫班、烘焙班、陶艺班，并开发"1+3"课程，让每个孩子都有人生出彩的机会。

通过8年的教育实践，不仅使这些特殊孩子掌握了一技之长和生存技能，也为他们自主创业就业提供了技能支撑。

## 教育不是注满一桶水，而是点燃一把火

"那曲"在藏语中是黑河的意思，次仁拉姆在教学实践中积极探索结合那曲地域特色，提出"曲融教育"。让特教教师以水的特性激励教育思想和教育行为，即以海纳百川的教育胸怀接受特殊孩子的多

样性、以川流不息的毅力补偿特殊孩子的缺陷、以滴水穿石的韧劲挖掘特殊孩子的潜能，使他们能够生活自理、学会感恩、融入社会。

13岁的扎珠因意外导致双目失明，就在他意志消沉、感到人生没有希望时，那曲市特殊教育学校成立，扎珠成了学校第一批学生。刚入学时，扎珠性格自卑、孤僻，为了让他恢复自信，次仁拉姆始终陪伴在他的身边，不停地开导他，给他生活的勇气。2016年，扎珠通过盲人高考考上了南京特殊教育师范学院，因家境贫寒，次仁拉姆给他凑了上学的路费和学费。扎珠每年放假回家，次仁拉姆都负责接送，这是那曲特殊教育学校第一个大学生，也是全体学生的偶像，很多学生都希望和他一样，考上大学，给和自己一样的盲人送去黑暗中的光明和希望。

次仁拉姆把这群特殊的孩子比喻成蜗牛，而自己和所有的特教老师则是牵着蜗牛慢慢散步的人。蜗牛虽然行动缓慢，却始终在前行。可能一句简单的"爸爸妈妈"，都需要成百上千次的努力才能说出口，但他们一点一滴的进步，都是次仁拉姆和所有老师们最大的欣慰和动力。他们用无限的爱，滋润有限的"碍"。

习近平总书记指出，教师重要，就在于教师的工作是塑造灵魂、塑造生命、塑造人的工程。一个人遇到好老师是人生的幸运，一个学校拥有好老师是学校的光荣，一个民族源源不断涌现出一批又一批好老师，是民族的希望。为此，次仁拉姆在教学的同时还开始潜心学术研究，由她主持的《西藏聋哑生职业教育实践与研究》不仅在自治区"十三五"科学教育规划课题中立项，并获首届西藏自治区教育教学成果二等奖。《曲融教育理论构建与实践研究》也在自治区"十三五"科学教育规划课题中立项，《西藏特殊学生自理能力与

次仁拉姆

职业技能实践探索》2019年在第五届中国教育创新成果公益博览会上展出，《西藏特殊教育学生自我生存能力提升的劳动教育实践与探索》于2022年获得西藏自治区第二届教育教学成果一等奖。

## 专业的制高点，引领学校的发展

在次仁拉姆的带领下，学校对三类残疾学生实施个别化教育，提高他们生活自理能力。同时激发学生感恩情怀，重树学生生活自信，使学生产生更多获得感和幸福感。

通过劳动实践，学生能做出具有民族特色的缝纫产品180多种、编织产品20多种、卡垫6种、烘焙20多种、陶艺作品100多种等。截至目前，学校已有65名学生就业（创业）、随班就读及升学。其中33名学生就业（创业），中职班升学14人，随班就读16人，

◆ 次仁拉姆与学生一起过生日

2名（其中1名全盲生）大学毕业。特奥会冠军4人、亚军8人、季军5人，全区美德少年3人。

学校教师先后获得国家级奖项6人、自治区奖15人，承担自治区课题5项、市级课题7项。学校先后获得国家级奖项5项、自治区奖5项。

学校先后荣获全国五一巾帼标兵岗、全国三八红旗集体、全国残疾人体育先进单位、西藏自治区三八红旗集体、西藏自治区民族团结进步模范集体、西藏自治区文明校园等奖项。

## 耕耘雪域高原，此生无怨无悔

19岁从西藏民族学院中师班毕业，中师到大专、本科、在职研究生，次仁拉姆永远在追求专业制高点的路上，她从中教一级到副高、正高级职称，一路都在为西藏那曲特殊教育寻找专业的制高点。这么多年来的坚守，是信念支撑着她，这一信念来自她对教育事业的忠诚、热爱和对特殊教育的执着，更是家人（两地分居16年）对她的理解、包容和支持。她坚守着她心中的那份最美。

20多年来，次仁拉姆品尝到了教育工作的艰苦与快乐，感悟到了人生的价值和生命的意义，体会到了用辛勤劳动换来荣誉、赞美、鲜花、掌声。这是时代赋予那曲特教人的荣誉，而这些荣誉也坚定了她和所有特教老师们的志向和工作热情，只有不断地激励和鞭策，才能奋勇前进、奋力拼搏，为西藏那曲特殊教育作出自己应有的贡献。

*教育部教师工作司供稿*

# 高原上的"垦荒者"

## ——访 2021 年"最美教师"次仁拉姆

◎ 李英菁

从基础教育到学前教育，从学前教育到特殊教育，两度转型，面对那曲当地幼教与特教的空白状态，她躬身拓荒；为了与特殊孩子沟通，她自学手语、盲文。

8 年时间，西藏自治区那曲市特殊学校校长次仁拉姆始终坚持用心教学生、用爱做教育，带领教师团队通过一点一滴的努力，为当地的特殊孩子打开了一扇窗，让原本失学在家的孩子"看"到、"听"到、"触摸"到更广阔的世界。

穿上新校服，16 岁的达瓦第一次走进校园。

由于智力障碍，聋哑孩子达瓦的攻击行为很严重，不听别人的话，没有办法像其他孩子一样到特校学习。

"第一次去达瓦家里的时候，我们给他带了一件新校服。他很开心，当场就让母亲帮他穿上。因为家住在草原上，穿上校服以后他就特别高兴地往外跑，撒欢儿去，不理我们了，喊都喊不住。"次仁拉姆回忆，"他知道我们带了礼物去，是善意的，所以肯让教师们接近，这是一个好的开始。"

达瓦出生在一个单亲家庭，母亲一边放牧，一边照顾他。特校的教师在上门送教之余，也不断给达瓦母亲做思想工作，邀请她到学校参观，看聋哑学生的表演，告诉她达瓦总有一天也能像学校的孩子们一样。"母亲总是不愿意放弃孩子的。从前面对孩子的问题无能为力，但经过沟通以后，她看到特校的学生，也开始有了希望，期盼自己的孩子能融入校园，可以自理，拥有自己的生活。"

从一开始不听任何人的话，到可以慢慢听家长的话，懂得教师的指令，经过近两年的送教上门，达瓦的情况逐渐好转。次仁拉姆继续与达瓦母亲沟通，希望将孩子送进学校。2020年8月，克服重重困难，16岁的达瓦终于走进了校园。

"第一个问题，就是要把他放到几年级。因为从学籍上来讲，他已经在家学习了两年，应该进到三年级，但他的认知水平却远远达不到三年级的要求。一般的聋哑孩子，即使入校的时候不会标准手语，也会打一点自然手语。但这个孩子因为有智力障碍，什么也不会，只能扯着嗓子吼，因为他听不到，所以声音也大，很容易影响到其他同学。我们不懂他要表达什么的时候，他就更急了，吼的声音更大。有时候，他要带我们去哪里，就一把抓住我们，也不懂轻重，每次都很用力，抓得人很痛。"次仁拉姆讲道。

作为达瓦的班主任，索朗仓决用了一周时间耐心地引导，才让达瓦的行为问题得到改善，能在教室安静地坐着，上课时不乱吼乱叫，也不突然站起来往外跑。在这之后，特校教师开始试着教他写字。一开始只是简单地从"1"到"5"，达瓦喜欢上了在纸上写写画画，也慢慢对学习产生了兴趣。教师不在的时候，就由班上的几名同学轮流照顾达瓦，让他耳濡目染，学习其他同学怎样上课，怎样料理自己的日常生活。

一步一步，达瓦从不能上课，到可以融入班级学习；从需要母亲一天4趟接送，到中午可以自己在学校午休。看着他的进步，次仁拉姆感到十分欣慰，她和教师们定下下一个目标，就是让达瓦在2022年实现基本生活自理，和同学们一起住校。

## 寻找高原上散落的星星

和普通城市不同，这片海拔4500米的高原上是大片的牧区，人口分布非常分散，生源数量少，教育观念也相对落后。作为当地的第一所特校，那曲市特殊教育学校刚创办时，周边乡镇的居民和牧民对特殊教育完全没有概念，招生十分困难，次仁拉姆就带着副校长一家一家敲门入户，宣传特校。曾有牧民对她说："老师，我们家孩子是盲人，上不了学的。如果能上学，国家义务教育的政策这么好，我们怎么会不让他上学。"

遇到这种情况，次仁拉姆就耐心地为家长讲解国家的特殊教育政策。"也有家长质疑，孩子能学什么，怎么去教，学得会吗？当时拉萨已经办了全西藏第一所特校，我们就给他们讲拉萨特校学生的故事。从前，盲孩子、聋哑孩子上学是家长想都不敢想的事，但和他们解释这些孩子也能上学、读书以后，家长都很高兴，也愿意把孩子送来。"

2015年，那曲地区（今那曲市）党校组织乡村干部培训，次仁拉姆抓住机会，向党校校长争取到一节课的时间，为在场的100多名村支书展示了特殊教育学校如何培养学生生活自理能力，如何给特殊学生教授知识。之后，次仁拉姆还带他们参观了学校校园。经由村支书回乡宣传，学校的生源有了保障，特殊教育覆盖到藏北草原更多的角落。

每当有新生入学，学校都会组建专门团队，花费两到三天时间进行学前评估，并根据评估内容制订中长期教学计划。很多特殊学生，特别是智力障碍学生，因为自身的自卑情绪等原因很容易产生心理问题。为了帮助学生改善心理健康状况，学校成立了心理咨询室，并建设多个康复治疗室，由专业教师进行指导。在课堂教学方面，学校也针对自卑情绪和挫折心理等问题设计了相关教学活动。

"我在巡班的时候经常会遇到有情绪障碍的孩子。面对情绪不好或有攻击性发泄行为的孩子，我们都是以教研的形式和态度，对他们的行为进行分析，找出原因，再邀请家长和班主任、各科教师一起坐下来讨论，调整教学计划。"次仁拉姆讲道。

对一些生活无法自理的重度残疾儿童，学校教师会在特定的时间集中上门送教。在总面积超40万平方千米的那曲市，送教团队兵分几路，远的要走六七百公里，即便是最近的区域，也要跑上百公里。每次集中送教，次仁拉姆所在的小组需要完成几十户送教任务，由于牧区地广人稀、气候恶劣，通常得耗费一两周时间。

学校为每名需要送教的学生都建立了专门的档案，包括专业的健康评估、有针对性的教学计划和康复方案等。在集中送教之外，教师也会不断和家长进行联络、沟通，了解学生的学习任务完成情况。每个学年快要结束时，次仁拉姆会和学校教师一起对教学成果进行总结，记录学生的点滴进步，并共同制订新一年的送教计划。

## 爱则为之计深远

由于当地特殊教育普及较晚，特校学生的年龄参差不齐，如何让九年义务教育发挥最大效用，成为次仁拉姆与学校教师不断思考的问题。

"2013年9月，我们招进了第一批学生，这些孩子小到七八岁，大到十一二岁，甚至有18岁的学生。他们进入学校的时候几乎都是零文化基础，从学校毕业以后，他们能去哪里，是继续升学还是进入社会，这些都是需要考虑的。很多大龄学生毕业时已经是应该工作的年纪了，面临着融入社会的问题。为了让他们有一技之长、谋生之力，我和副校长索朗秋吉和蒋涛到拉萨的市场上去调研，发现缝纫是最适合教学、最符合当地市场需求、能做出具有民族特色产品的职业。"次仁拉姆说，"我们希望特殊学生不仅可以学习知识，也有机会凭借自己的能力进一步深造，或通过职业教育掌握一定的技能，真正融入社会、立足社会、回馈社会。"

经过前期的调研和准备，那曲市特殊学校抓紧时间把职业教育引入学校，于2013年11月开办了学校的第一个职教班——缝纫班。随后，烘焙、卡垫、陶艺、酒店服务等职业培训课程也相继开课。在学校教师的努力下，那曲特殊教育学校的特殊学生职业教育日渐成熟，西藏聋生职业教育实践与探索项目获2018年西藏自治区首届教育教学成果二等奖，也有一部分已经毕业的学生实现了就业和自主创业，完成了从"知之"到"行之"的蜕变。

次仁拉姆在学校课程建设方面非常重视结合学生的需求和特点。为了推进劳动教育，学校构建了"1+3 羚羊劳动"课程体系，其中，"1"指国家规定的课程，"3"则指学校的慧融课程（培智课程）、辉融课程（视障课程）和汇融课程（听障课程），着眼于不同障碍类型学生的需求，以提升学生的自理能力和生存能力为目标，对国家课程进行校本化重构和优化。

在办学实践中，那曲市特殊教育学校逐渐形成"曲融"的学校文化。"曲"就是那曲，"那曲"在藏语里是黑河的意思，象征着水；"融"则是"融入""共融"，包括各类学生间的融合、教师与学生间的融合、不同民族教师间的融合，以及学校与家庭、学校与社会间的融合。教师要用海纳百川的胸怀接纳特殊孩子的多样性，用川流不息的毅力去挖掘孩子的多样潜能，用滴水穿石的毅力投入特教，为学生融入社会提供支持；学生也要学会像水包容万物一样，接纳自己的缺陷，以滴水穿石的毅力克服困难，融入社会，做一个合格的公民，减轻家庭和社会的压力。

特殊教育也给次仁拉姆带来了一颗更加包容的心，在与学生的相处中，她日益感受到换位思考的重要性，决心要时时刻刻心怀感恩之心，珍惜当下的幸福生活。

## 向外延伸，向上成长

次仁拉姆很注重特校教师的专业成长，她认为要以做研究的态度面对课堂上存在的问题，以课题的形式进行研讨，解决问题，这是不断提升专业理论水平素养的过程，也是为教学实践提供指导的机会。

"我一直鼓励老师们多学习、多读书，只要有培训的机会，都争取让更多老师参与。同其他特校的老师接触、交流，看到外面的世界以后，老师们的想法也会发生变化，更有钻研的动力。社会发展越来越快，变化越来越大，特校老师也需要跟上时代的步伐。"

进入特校以后，由于专业领域跨度大，为了更好地进行教育教学工作，次仁拉姆在近40岁的人生关口攻读了在职研究生。工作之余，她也酷爱与志同道合的特教人交流、讨论，并将自己获得的启发进行提炼、整合，融入之后的办学规划。

随着教师队伍质量的不断提升，次仁拉姆有了更远的目标："让那曲市的特殊教育更加专业化，并向两端——学前教育和高中教育不断延伸，为特殊孩子提供越来越多的教育机会。同时，我们也在尝试让更多的特殊孩子进入普通学校随班就读，和普校的孩子站在平等的舞台上。"

"我们有盲孩子要考大学，也有聋哑孩子参加全国残疾人演出，朗诵、阅读、唱歌、跳舞……我们的学生也在特奥会上拿过奖牌。让他们去尽情展示，在锻炼中成长，这些孩子会变得越来越自信。"次仁拉姆欣慰地讲道。

《教育家》2021年第52期

# "世界屋脊"上的特教追梦人

## ——专访西藏自治区那曲市特殊教育学校校长次仁拉姆

◎ 徐露露　李欣悦　俞睿琪　陈莲俊

次仁拉姆的名字意为"长寿仙女"。1994年，她走上教育岗位，先后从事初中教育、高中教育、学前教育工作。2013年，次仁拉姆欣然接受任命，担任西藏自治区那曲市特殊教育学校首任校长，从此开启了职业生涯的另一个新篇章。虽然是"半路出家"，那曲地区（今那曲市）的特殊教育事业从零开始，藏北的残疾人教育工作更是困难重重，但这都难不倒次仁拉姆，反而激励着她带领年轻的那曲特校教师团队在"世界屋脊"上书写办好特殊教育的故事。2021年春天，我们有幸与次仁拉姆对话。

问：您是那曲市特殊教育学校的首任校长，学校的创办是为了造福藏北的特殊孩子。办学过程中您遇到了哪些困难，又是如何克服的？

次仁拉姆：我是在西藏那曲土生土长的藏族人，小学、初中、高中都是在那曲当地学校读的。我对这片土地有着非常深厚的感情。在西藏有这样一句话：远在阿里，险在昌都，苦在那曲。那曲是一个自然环境非常恶劣的地方，教育事业的发展也面临着很大的挑战。我从小的理想就是做一名教师。1994年，19岁的我从西藏民族学院中师班毕业，怀着对教育事业的无限热爱走上了工作岗位，来到唐古拉山脚下一所新办不久的初中。那时的学校还没有通电，晚上只能靠蜡烛照明，条件非常艰苦。但是只要能看到学生们的笑脸，我就感觉幸福满满。后来我回到那曲地区的学校工作，服务那曲教育事业的发展。我还参加过一年的驻村扶贫工作，这些经历都为我现在从事特殊教育工作积累了宝贵的经验。

2003年，在一次学习宣讲会上我第一次了解到特殊教育，当时就被这份淳朴但非常有意义的事业深深打动。那时西藏只有拉萨有特殊教育学校，我当时就在想，如果那曲也有特殊教育学校就好了，我将非常愿意去这所学校工作。2013年，那曲市特殊教育学校创建，我毫不犹豫地接受了组织给我的任务，担任这所新学校的校长。

学校创办后遇到的第一个困难就是招不到学生。因为在西藏，特别是以农牧民为主的那曲地区，人口分布非常分散，教育资源、信息的传递也相对缓慢，学校刚办起来的时候大众对特殊教育的认识也存在偏差。于是，我凭着自己之前的驻村工作经验，在学校开学前，亲自带领副校长走村入户，了解生源情况，宣传国家政策，说服家长送孩子来上学。其实在农牧地区，因为文化、医疗以及家庭等多种因素，有一部分特殊孩子十几岁了都还没有上过学。所以学校的第一届学生年龄跨度很大，既有适龄儿童，也有大龄应该直接进入初中阶段学习的孩子。我们马上根据他们的特点以及发展需求制订了相应的教育教学计划，低龄儿童学习基础文化知识；大龄少年则在补足文化知识的基础上，主力发展职业技能，充分利用在学校的时间，获得最有利于未来发展的教育。

令人欣喜的是，学校成立8年多来，教师专业发展也可圈可点。学校刚建立时只有我一位副高级教师，而现在已经有10位副高级教师，我自己也成长为正高级教师。教师们在自治区以及国家的各项评比中纷纷获奖，学校更是获得了诸多荣誉，先后被评为全国三八红旗集体、全国五一标兵岗、全国残疾人体育先进单位、自治区民族团结进步集体、自治区三八红旗集体等。

随着我对特殊教育的认识越来越深入，我发现做好这份工作只有热情与怜悯是完全不够的，也是不对的。特殊教育是面对孩子的多样性和差异性，具备一定专业性，要用发展的眼光看待学生的差异，让他们有所发展，成为一个对社会有用的人。

问：理念是学校发展的先导和灵魂，那曲特校非常年轻，您是如何带领老师们探索并践行具有民族地区特色的办学理念的呢？

次仁拉姆：学校的办学理念是无限的爱滋润有限的"碍"，特殊教育就是通过爱的滋养，尽可能消除残疾学生融入社会的障碍。我们希望残障学生享有公平而有质量的教育，通过义务教育掌握必要的知识，有能力的学生有机会进一步深造，其他学生能够通过职业教育掌握一定的技能。学校办学的最终目的就是让这些孩子能够真正地融入社会、立足社会、回馈社会。

一直以来，我非常强调要结合学生的需求和特点，打造学校课程，把教育理念融会贯通在课程教学中，通过教育教学来实现办学目标。例如，为了推进劳动教育，我们构建了"1+3羚羊劳动"课

◆ 次仁拉姆与教师合影

程体系，其中，"1"指的是国家规定的课程，"3"指的是慧融课程（培智课程）、辉融课程（视障课程）、汇融课程（听障课程）3组课程。这一体系着眼于不同障碍类型学生的现实发展需求，对国家课程进行校本化重构和优化，满足全校学生的劳动发展需要。学校设置的扎念、书法、缝纫、卡垫、烘焙、陶艺等课程都非常具有那曲的民族特色，符合本地的市场需求。更重要的是通过一系列课程培养了学生的劳动意识，为他们未来融入社会、自食其力奠定基础。

在探索和实践学校办学理念的过程中，我们逐渐涵养了"曲融"的学校文化。"融"指的是"融入""共融"，要为学生融入社会提供支持。"融"既体现在学校内部的方方面面，包括各类学生之间的融合、老师与学生之间的融合，以及不同民族老师之间的融合。"融"

也体现在学校与家庭、学校与社会之间。学校大部分学生的家长来自农牧区，部分没有接受过系统的教育，对国家发布的教育政策也不甚了解，他们始终认为特殊孩子是无法独立生活的。于是我就带领学校的老师挨家挨户去宣讲政策，说服家长将孩子送到学校接受教育。同时，学校通过开展不同形式的活动向家长、社会展示学生的成长，为他们融入社会提供舞台。"曲"就是那曲，"那曲"在藏语里是黑河的意思，也就是水的意思。水有海纳百川、水滴石穿之意，也有着融合的象征意义。我们努力在学校营造"曲融"的文化氛围，希望老师能拥有水的特性，以海纳百川的胸怀，接纳孩子们的差异；以川流不息的毅力，挖掘孩子们的潜能；以水滴石穿的韧劲，一点一滴感化和教育特殊孩子，使他们能够生活自理，学会感恩，融入社会，做一个合格的公民，减轻家庭和社会的压力。

问：您见证了西藏那曲地区特殊教育事业从无到有，对于民族地区特殊教育的发展您最大的感受是什么，学校又有着怎样的发展愿景？

次仁拉姆：从事特殊教育的这些年里，我深深感受到国家对特殊教育事业的关心和支持，以及国家办好特殊教育的信心和实际行动。西藏地广人稀，工业难以发展，民族手工业规模较小，经济基础薄弱。在国家相关政策的支持下，那曲市特殊教育发生了翻天覆地的变化。国家关于打赢脱贫攻坚战的决定给西藏地区的人民，特别是西藏地区的残障孩子带来了巨大的福音和发展希望。根据《国家中长期教育改革和发展规划纲要（2010—2020年）》"继续在四省藏区推行'9+3'中职免费教育模式"，《西藏自治区特殊教育提升计划》等文件精神，所有义务教育阶段在校在册的特殊学生按6000

元 / 人的生均经费执行。高中阶段特殊教育学生免费教育和补助，按普通高中阶段免费教育标准的 3 倍拨付教育资金，着力确保所有特殊学生能够有学上。此外，目前西藏也在积极推进免费学前特殊教育的发展，目标是形成从学前到高中阶段特殊教育全覆盖。作为自治区政协委员，我也始终关注自治区特殊教育和残疾人事业发展的整体情况，通过更充分的实地调研，采集翔实有效的数据，为自治区特殊教育和残疾人事业的发展，履职尽责，多作贡献。

那曲特校建立至今还不足 10 年，我们也一直在探索更加适合的发展路线。要继续根据国家政策要求推进区域特殊教育事业发展，我们要做的工作还有很多，面临的挑战也非常多。当前国家特殊教育发展的重心是融合教育，学校也在努力做这方面的工作。目前已经建立了市级特殊教育资源中心，并积极组织教师在普通学校中宣传并开展融合教育。现在那曲市已经有 11 所普通学校建立了资源教室，有一批特殊学生已经进入普通学校随班就读。但不可否认的是，发展融合教育还有很长的路要走。但是我相信学校的教师团队在党和国家以及地方政府的关心、支持、指导下，能够迎难而上，把融合教育工作做好做实。

乘着办好特殊教育的东风，次仁拉姆带领学校探索耕耘民族地区特殊教育事业，走出了独具地方特色的以教助残、以教扶贫之路，在雪域高原留下了特教追梦人的坚定身影。

《现代特殊教育》2021 年第 9 期

# 王隽枫

最美 2021 ZUIMEI JIAOSHI
教师

## 幼教世家　传承力量

王隽枫是广东省广州市番禺区北城幼儿园的一名幼儿教师，也是一名从教 27 年的幼教老兵。时光飞逝，这个出身三代幼教世家的湖北姑娘，以新岭南人务实、包容、创新的精神，始终如一传承和践行着对幼教事业的热爱与初心。王隽枫一直以优秀党员教师的要求以德立身，拥护中国共产党的领导，忠诚党和人民的教育事业，全面贯彻党的教育方针，甘于奉献、勇于担当，在全心全意为师生、家长服务中争当楷模，起到先锋模范作用。她紧跟幼教改革创新步伐，不断探索新形势下新思路新方法，尤其在一日生活中全面发展幼儿素质、开发运用优秀传统文化课程资源育人方面有深入研究，深得上级领导和家长的信赖。王隽枫先后被评为广东省南粤优秀教师、广州市中小学骨干教师、番禺区政府督学、番禺区名师工作室主持人、番禺区优秀共产党员。

说起幼教世家，王隽枫的外婆、母亲、姨妈和侄女，都是幼教工作者。令她印象最深刻的是母亲一言一行对她的耳濡目染，母亲 1971 年正式成为湖北幼教队伍中的一员，33 年的幼教生涯记载着她作为县政协委员、县优秀教师的青春与艰苦奋斗。王隽枫记得小时候，每天晚上母亲在台灯下伏案工作，撰写教案、自制玩具、拉着她当学生试教的身影。母亲爱思考、爱钻研并且心灵手巧，经常会自制各种教玩具，用棉花做成贴绒教具，用布缝成手偶，现在想想在20世纪七八十年代能制作这样的教玩具是非常了不起的事情。每次做好之后，母亲都会让小隽枫做第一个学生试教试玩，还会请教外婆的意见，这在王隽枫幼小的心灵留下了幼儿教师的光辉形象，这种形象是闪着光的、温暖的、有力量的。家风传承，王隽枫的心里从小就播下了当幼师的种子，她特别喜欢幼师这份职业，觉得幼师是快乐的象征、天使的化身，非常向往、充满敬意。1991年她报考了湖北省幼儿师范学校，当时还是公费师范生，考核非常严格，整个地区才3个指标，她以第一名的成绩入选。毕业之后，带着"把幼师当作一辈子要做好的事业"的初心南下广州，成为一名公办幼儿园教师，光荣加入中国共产党，获得了本科学历和高级教师职称，凭着进取之心、博学之志、担当之勇在广州这片学前教育事业蓬勃发展的热土上挥洒青春与汗水。

幼教世家，传承力量，传承的是一份信念！很多人都说幼儿园教师如同保姆，每天干着照顾孩子吃喝拉撒的琐碎事情，但对于王隽枫来说，幼教是一份事业，一份影响人一生成长的教育事业！她踏足幼教27年，当了16年班主任，同时兼任11年级长、15年教研组长，如今在保教主任岗位上做了6年，一路的成长既源自于对幼教的热爱，也有自己的努力。作为全国学前教育实验区，番禺当地政府和领导非常重视学前教育，从幼儿园办学条件、内涵发展、教师专业培训等方面引专家、搭平台，提供大力支持与引导，新时代的学前教育是尊重幼儿年龄特点与学习方式、重视幼儿学习品质、促进幼儿身心全面发展的教育，对于王隽枫这一代20世纪90年代入职的幼儿园教师来说是极具挑战的，它的挑战在于迅猛更新的教育观、儿童观和课程观，越来越高的保教质量要求，但这些挑战难不倒她，王隽枫谨记母亲所言"不会就学，学了要精，不可误人子弟"。在番禺区教育局"三个三年行动"中，她凭借扎实的理论基础和过硬的专业能力成了家长眼中的好老师，孩子心中的好朋友！在她的眼里、她的心中，每个孩子都是独一无二的天使！她刻苦钻研用心为每一位孩子们点亮心中的那盏灯，让他们清楚看到自己身上独特的闪光点，鼓励并支持孩子成为更精彩的自己！幼儿园一日生活皆课程，点点滴滴皆教育，王隽枫能够随时随地捕捉可以影响幼儿发展的教育因素，准确分析幼儿行为背后的原因，判断幼儿的发展水平，给予恰当的引导与支持。户外活动中发现的小昆虫，成为

◆ 王隽枫与孩子共享阅读时光

她引导孩子观察、讨论和探究的科学活动课程教具；争抢玩具时发生的小纠纷，成为她引导孩子学会情绪管理和社会交往的教学现场案例；为尊重孩子的个体差异，她创设具有选择性、多样性的区域环境，投入丰富的操作材料，让孩子在自由自主的游戏活动中获得个性化发展。为了让更多的孩子获得优质的教育，在番禺区教育局组织下，她深入全区各镇街近50家幼儿园调研，帮助幼儿园梳理在环境创设、游戏支持、一日生活组织、教学活动实施、师幼互动等方面存在的问题和整改措施，实现保教质量的共同提升。远赴西藏林芝和贵州赫章开展学前教育经验交流，提高边远地区教师课程意识及开发能力。让孩子们获得发展就是王隽枫坚定的信念！

幼教世家，传承力量，传承的是一份责任！作为一名党员，王隽枫深深领会到文化自信的深远意义，认识到传统文化必须从娃娃抓起。她所在的番禺区北城幼儿园是一所致力于发掘优秀传统文化以文化人、以文润心的岭南文化特色幼儿园，王隽枫带领老师们积极投入基于优秀传统文化的课程开发与实施，在多年的探索和研究实践中解决了幼儿园文化课程资源不够系统全面的问题，打造传统文化全课程育人体系，此项目被评为广东省特色教育项目、广东省学前教育"新课程"科学保教示范项目、广州市番禺区教育教学成果一般培育项目。作为主要成员编写了《岭南风物篇》《岭南民俗篇》《岭南美食篇》《岭南节令篇》等系列幼儿园本土文化主题工具书，建立岭南本土园本课程资源包，将适宜孩子感受、体验、学习、表现的民俗活动醒狮、飘色、传统美食早茶文化、民间工艺刺绣、灰塑等引入到幼儿园课程中来，提升孩子的民族自豪感，加深对传统文化的尊重和热爱，培养爱家乡爱祖国、有爱心的好孩子。以社会主义核心价值观涵养优秀传统文化，让老师和孩子们在优秀传统文化的耳濡目染中传承与发展，落实立德树人根本任务。

王隽枫在幼儿教育事业中始终做到有理想、有信念、有担当，将幼教世家踏实勤恳、大爱无私、勇于创新的精神一代代传承下去！幼教世家，传承力量，这种力量将会鼓励她成为一名更优秀的党员教师，并甘愿为高质量幼儿教育奋斗终身。

教育部教师工作司供稿

# 2021年度全国"最美教师"出炉 唯一当选幼师是咱湖北老乡

◎ 柯　称　伞吉鹏

9月10日晚，由中宣部、教育部主办的《闪亮的名字——2021最美教师》发布仪式在央视播出。广州市番禺区北城幼儿园老师王隽枫，从全国300多万名幼儿教师中脱颖而出，成为10名全国"最美教师"中的唯一一名幼师。记者了解到，王隽枫是湖北咸宁人，成长于一个幼师世家，毕业于湖北幼儿师范高等专科学校。

## 幼教世家　传承美好

王隽枫出身三代幼教世家，她的外婆、母亲、姨妈都是幼教工作者。而她，至今已从教27年，当了16年班主任，兼任过11年级长、15年教研组长，如今在保教主任岗位上做了6年。

据了解，王隽枫的母亲从事幼教工作33年，其艰苦奋斗、担当育人责任的言行，对小隽枫影响深远。小时候，母亲每天晚上在台灯下伏案工作，撰写教案、自制教玩具、拉着小隽枫当学生试教。

"母亲爱思考，爱钻研，特别心灵手巧，经常自制各种教玩具，用棉花做成贴绒教具，用布缝成手偶……"王隽枫说，20世纪七八十年代能制作这样的创意教玩具是非常了不起的事情。这在小隽枫幼小的心灵播下了长大也要当幼师的种子。

## 昔日同窗　为她自豪

1991年，王隽枫以第一名的成绩考入湖北省武昌幼儿师范学校（今湖北幼儿师范高等专科学校）。毕业后，她带着"把幼师当作一辈子要做好的事业"的初心南下广州，成为一名幼儿园教师，并光荣加入了中国共产党。她不断奋进，获得了本科学历和高级教师职称。

这些年来，王隽枫紧跟幼教改革创新步伐，不断探索新形势下新思路新方法，尤其在一日生活中全面发展幼儿素质和开发运用优秀传统文化课程资源育人上有深入研究，深得同行、家长的信赖和孩子们的喜爱。她先后获评广东省南粤优秀教师、广州市中小学骨干教师、番禺区名师工作室主持人、番禺区优秀共产党员。

"祝贺王隽枫老师荣获2021年'最美教师'称号，我们为有这样优秀的毕业生感到骄傲，也感动于她不忘初心，扎根幼教27年。她是孩子们的幸运，是我们学校的光荣，更是民族的希望。"湖北幼儿师范高等专科学校学前教育系有关领导说。

该校学前教育系教师、王隽枫的同班同学万丽芳说："我和她是9105班的同班同学，同窗3年期间，一起学习、一起生活、一起练琴练舞的情景仿佛就在昨天。印象中，隽枫总是笑眯眯的，两个小酒窝很可爱，性格随和、乐于助人，尤其擅长舞蹈，优美的舞姿经常博得同学和老师的阵阵掌声。"

转眼 27 年过去了，看到昔日青涩的同学已经成为幼教界的栋梁，登上央视舞台讲述自己三代幼教世家的动人故事，万丽芳激动地说："祝贺老同学，她获得的荣誉，也是对全体幼教人的鼓励！"

《楚天都市报》2021 年 9 月 13 日

# 广州番禺区幼儿教师王隽枫入选 2021 年全国"最美教师"

◎ 肖桂来 刘 莉 番教宣

9月10日晚,作为广东教育系统唯一代表,同时也是全国300万名幼儿教师代表的广州市番禺区北城幼儿园幼师王隽枫亮相CCTV-1、CCTV-10,受邀参加由中宣部、教育部联合主办的《闪亮的名字——2021最美教师》发布仪式。

现场通过讲述、短片和采访等形式,生动表现了王隽枫的感人事迹,展现了她牢记使命,不忘教育初心,坚守教育岗位,用实际行动践行学为人师、行为世范的崇高精神和高尚品格。

王隽枫是一名从教27年的幼教老兵,出身幼教世家,三代人都是幼教工作者。祖辈亲人们对幼教事业无限的热爱和执着的追求,深深影响了她对职业的选择,也坚定了她的人生信念。

王隽枫紧跟幼教改革创新步伐,不断探索新形势下新思路新方法,尤其在一日生活组织中全面发展幼儿的素质,并在开发运用优秀传统文化课程资源育人工作方面有深入研究,深得上级领导和家长的信赖，以及孩子们的喜爱。她先后被评为广东省南粤优秀教师、广州市中小学骨干教师、番禺区优秀共产党员，并担任番禺区政府督学、番禺区名师工作室主持人。

为了让更多的孩子获得优质的教育，在番禺区教育局组织下，王隽枫深入全区各镇街近50家幼儿园调研，帮助幼儿园梳理环境创设、游戏支持、一日生活组织、教学活动实施、师幼互动等方面存在的问题和整改措施，实现保教质量的共同提升。还远赴西藏林芝和贵州赫章开展学前教育经验交流，提高边远地区教师课程意识及开发能力。

作为全国学前教育实验区，番禺当地政府和领导非常重视学前教育，近年来，番禺区一直秉承敢为人先的精神，以"上品教化"为区域教育发展理念，以优先发展、改革创新作为重要保障，做好财政投入、制度创新、教研引领"三位一体"的政策设计，建立了

◆ 王隽枫在幼儿园开展刺绣活动

全方位、多层次的系统机制，着力打造"好园所""好幼教""好教师""好课程"。先后启动了种子培养工程、名园长工作室、名教师工作室及教师能力提升培训项目等，用"真金白银"实现了区内幼师从看护托养"保姆型"向引领导向"专家型"的华丽转身。

*《广州日报》2021 年 9 月 10 日*

滇西支教团队

首批怒江支教教师研修班
暨怒江州教育帮扶行动动员会

最美
2021 ZUIMEI JIAOSHI
教师

# 汇聚彩云之南
# 照亮滇西教育之光

2021年教师节，怒江支教团队偕同海安市宁蒗支教教师群体，以滇西支教团队名义被中宣部、教育部评为"最美教师"团队。

## 怒江支教团队

2020年秋季学期，为了深入贯彻落实中共中央、国务院关于打赢脱贫攻坚战的决策部署，加大对"三区三州"之一的云南省怒江傈僳族自治州的教育帮扶力度，由教育部教师工作司牵头组织，北京师范大学统筹负责，挂靠在继续教育与教师培训学院的"国培计划"中小学骨干教师培训项目执行办公室具体实施的怒江教育帮扶行动正式启动。2020—2021学年，共有来自全国26个省（区、市），包括新疆、西藏在内的100多位支教老师，在14家名师培养工程培养基地以及全国各地48个名师工作室的支持下，进入怒江州各县市支教，为当地教育输入了高质量的"新鲜血液"。支教老师们在名师工作室和培养基地的帮助下，通过示范指导、结对帮扶、巡回视导、联合教研、双师课堂、因材施教、送教上门等多种方式开展教育帮扶行动，变"输血支教"为"造血兴教"，推动当地教师整体发展。

怒江帮扶行动是在党中央国务院政策、战略的引领下，教育部教师工作司积极贯彻落实打赢脱贫攻坚战和实施乡村振兴的部署，全面组织、协调"国培计划"名师名校长培养基地与工作室提供专业支持，当地政府以及支教教师所在地各级教育主管部门协调保障，是一次高规格、高质量的"国家级"教育帮扶行动。国培项目办在组织实施帮扶行动过程中，跳出教师培训的传统模式，将名师的专业培养纳入国家教育均衡发展的实践框架中，积极参与到国家扶贫攻坚伟大战略工程中，在立足州情、精准施策基础上，通过做好顶层设计和完善制度保障，构建了精准帮扶模式，组团式开展赋能型教育帮扶活动，取得了良好的效果。

从 2020 年 9 月至 2021 年 7 月，在北京师范大学等 14 家名师培养工程培养基地以及全国各地 48 个名师工作室的支持下，怒江支教团队积极开展教育帮扶行动，建立了由培养基地与怒江州县（市）结对帮扶的机制，组成了"培养基地＋领航名师工作室＋支教教师"的支教团队，构建了"1+1+N"精准帮扶模式。选派了 110 余名支教教师，以点带面、专业示范、精准引领，变"输血支教"为"造血兴教"，多维度、组团式提高帮扶质量，为当地教育输入"新鲜血液"。

构建"1+1+N"帮扶机制，精心谋划帮扶项目。怒江教育帮扶行动坚持立足州情、聚焦重点，创新规划"1+1+N"的精准帮扶机制。围绕着力破解怒江州教育发展突出问题，重点部署和规划设计，带动提升怒江州教师整体素养。

一是摸需求，明确工作思路。帮扶行动伊始，国培项目办、培养基地与怒江当地政府、教育行政部门、支教学校共同组织多次座谈会，对当地教育现状等进行调查研究，摸清帮扶需求，明确行动方向。

二是重诊断，提供精准帮扶。调研发现怒江面临教育质量差距大，教师缺口多、整体素质差；学校制度建设、文化建设、校本研修机制等缺乏规范性；学生习惯不佳等问题。帮扶过程中，支教团队始终精准把握怒江教育教学的实际情况，充分发挥培养基地、教师发展中心的专业支撑作用，组织开展"送教援培"、"一对一"帮扶培训、家访、座谈、资源共享共研共学等活动，为当地教育发展提供精准帮助和具体指导。

三是聚资源，创新工作机制。在教师工作司及全国教师培训专家组的支持下，整合各方优质资源，创新构建了"1+1+N"的新型帮扶机制，即一个国家级专家团队、一所当地高校和多所学校、教师发展中心共同推进，精准对接怒江州4县（市）、片区内15所中小学以及县级研训机构等，起到引领教学教研、促进教师成长、改善教育生态的作用。

打造3条帮扶主线，精细研制帮扶方案。帮扶行动在深入调研基础上，探索形成"教育诊断+教师支教+专家送教"3条主线，通过选派教师支教，调研诊断推进，专家团队指导，实现帮扶预期目标。

一是开展教育诊断，推出系列调研报告。为推进精准帮扶培训项目实施，组织教师、校园长专家工作组成员赴怒江州未摘帽县片区学校开展入校诊断指导活动，通过听取汇报、查阅资料、座谈访谈、听课观摩、交流反馈等方式，查找帮扶乡村学校在教师专业发展上存在的问题，形成系列诊断调研报告，提出针对性、指导性的意见建议。

二是选派教师支教，切实促进学校发展。整合名师所在学校及名师工作室成员学校师资资源，依托名师培养基地，累计选派110余名教师到怒江州15所中小学和怒江州教育体育局进行支教。支教团队实施"青蓝工程"，师徒共同备课、上课、命题，提高教师教学水平；组织学科竞赛，帮助参赛教师磨课，共推教研活动；组织巡回指导，采用"听、查、看、导"等方式，对学校进行专业指导；规范乡镇学校教学常规管理，推动课堂教学改革；组织区域性整体教师培训活动，撒播教育教学理念和教育思想；根据当地教育帮扶计划安排和各受援学校需求，统筹帮扶资源开展跨校帮扶。支教教师还和当地老师一起翻山越岭、家访送教，并为当地乃至周边西藏地区的学校和师生送去了经验和温暖，解决了不少实际问题。

三是组织专家送教，注入教育发展活力。组织专家和教育部首期名师培养班学员赴泸水市、福贡县、贡山县、兰坪县等县（市）开展"送教援培"活动，通过专家报告、名师讲座及现场教学活动等方式对当地中小学教师开展专项培训。

凝练"组团帮扶"模式，精准提升帮扶效果。怒江教育帮扶行动跳出教师培训的传统模式，以教育帮扶淬炼名师成长，以名师力量助力教育帮扶，将名师的专业培养纳入国家教育均衡发展的实践框架和国家扶贫攻坚伟大战略工程中，将教育情怀与乡村振兴、促进教育公平的伟大事业紧密结合。

在教育帮扶工作中，名师、骨干教师，挂职副局长，教育部教师工作司领导多次通过不同的形式进行研讨，从目前的总结来看，已经初步提炼出"关键资源引入式""关键资源在地化式"等帮扶模式。这些模式的探索，发挥了支教帮扶以外部教育力量激发欠发达地区教育观念转变，挖掘本土特色教育资源并整合外部优质教育资源，引领地方教育教学创新的积极作用。

经过实践，怒江"组团式"教育帮扶行动取得了丰硕的成果和良好的声誉，教育部领导评价"这次多维度、组团式的教育帮扶将成为一次有益的探索，为未来在全国之间形成合作支援新模式树立良好的榜样"。

"1+1+N"模式是实施赋能型教育帮扶的重要支撑。云南省怒江州是我国唯一的傈僳族自治州，是"三区三州"典型的深度贫困地区，"全国脱贫攻坚的'上甘岭'"。开展"1+1+N"教育帮扶行动，精准支持教师专业发展，赋能乡村教师提质增效，是教育扶贫的精准举措和有效办法，是以整体推进怒江州教师教育改革的崭新尝试，更是融汇全国优质教育资源助力怒江州教育振兴的难得机遇。

"本土化"是开展赋能型教育帮扶的关键举措。要有效实现怒江州帮扶目标，仅仅复制迁移发达地区经验是不够的，需要从民族地区实际出发，精准施策；精选师资，深入民族地区学校"共同工作"，通过示范指导、结对帮扶、巡回视导、联合教研、双师课堂、因材施教、送教上门等多种方式，从学校文化建设、教师专业发展、课堂教学改进、校本课程开发、学生学习动力提升、家校有效协作等不同层面开展赋能型教育帮扶活动，充分调动民族地区教师学习成长的内生动力，全面发挥精准帮扶的"双主体"作用，实现共生智慧，共享效益。

"组团式"是落实赋能型教育帮扶的有效路径。"组团式"的特点在名师领航工程怒江支教行动中表现得尤为明显。为保障怒江教育帮扶行动的有效实施，建立完善了强有力的运行保障机制。教育部教师工作司委托教师国培项目办（北京师范大学）具体负责怒江州教育帮扶行动的统筹协调及日常管理工作，为保障怒江支教项目进行，选派教师前往怒江州挂职，担任教育体育局副局长等职务，具体推进支教项目；组织多个名师培养基地结对帮扶怒江州4个县（市），选派骨干教师到帮扶县（市）学校支教1年，承担教研、教学工作。同时，对参与怒江州支教的相关主体职责进行梳理，制定了怒江州支教指南，明确了挂职副局长、支教教师、领航名师、培养基地及国培项目办的职责，形成了以名师引领为特征，以教师核心素养发展为主线，发挥"G（政府）-U（高校）-S（学校）-T（名师工作室）"功能合力的教育帮扶新模式，通过多方联动，全力支持，协同保障，为教育帮扶工作顺利推进提供了坚实后盾。

这样一个立体化的组团，保障了支教行动的合法性和严肃性，使得五湖四海帮扶怒江成为可能，使支教帮扶能起作用、见实效。

怒江教育帮扶行动取得了丰硕成果，逐渐形成特色品牌。乡村人才振兴，端赖教育。教师工作司依托"国培计划"名师名校长领航工程在怒江州开展教师核心素养提升的支教送教综合行动，为乡村教师发展体系提供了教育帮扶的"怒江模式"。怒江教育的高质量发展道路已经开启，接下来"怒江模式"需要继续充实，持续探索，久久为功。不断培育学科种子和培训团队，加强名师工作室建设，建立帮扶对接的长效机制，留下带不走的资源、人才和团队，树立永远运转有效的机制、关系、习惯和理念。

## 宁蒗支教教师群体

宁蒗彝族自治县（简称"宁蒗"）地处滇西北高原，俗称"小凉山"，总面积6025平方公里，人口28万，2019年全县国民生产总值约58亿元，为国家级扶贫开发重点县和云南省27个深度贫困县之一。宁蒗教育事业起步晚，底子薄，1951年才建成第一所小学，1957年建成第一所初中，1972年开始招收高中生。1987年秋，时任宁蒗县委书记阿苏达岭率团到海安学习考察，签订支教协议。1988

◆ 海安宁蒗支教老师与宁蒗第二中学的党员老师一起参加每周一次的党员志愿者义务劳动活动

年 8 月 18 日首批支教老师赴宁蒗支教。目前，历经 10 轮，290 人次教师参与支教，为智力扶贫、民族团结、地方发展作出了应有的贡献，在宁蒗教育史上谱写了跨越式发展的传奇篇章。

宁蒗县成功脱贫，海安支教教师群体功不可没。34 年的支教历程，是不断探索、思考和深化的过程，也是两地政府认识不断提升的过程。

海安教师胸怀西部开发壮志，在办好宁海中学的同时，他们自觉担当起全县教育教学研究的示范指导工作，努力把海安教育的一些成功经验和做法引入宁蒗，很快在全县形成强烈的争先创优态势。正是在这种良好的竞争环境下，宁蒗教育实现了大踏步跨越式发展，由一个长期在低谷徘徊的教育弱县一跃而成丽江地区的教育强县，许多指标甚至在整个云南省也名列前茅。

2019 年以来海安班连续 3 届取得辉煌成绩，海安班毕业生连续 2 届夺得丽江市理科状元，首届高考就包揽了丽江市理科高考成绩前四名，第二届包揽市理科高考前两名，前后 4 名学生考入了北大、清华名校。超过 60% 的学生进入 985、211 名校。2021 年由海安老师任教的民中首届海安攻坚班也首战告捷，全班 600 分以上 3 人，一本达线人数 41 人。海安班和海安攻坚班一本达线人数 80 人，为民族中学当年全校高考一本达线人数一举突破百人大关，超额完成高考指标，为实现高考综合达标率名列丽江市前列作出重大贡献。

34 年来，海安老师为宁蒗培养合格的初高中毕业生 2.3 万名，大学、中专生 1 万多名，许多毕业生学成归乡，奋战在宁蒗行政、经济、教育、文化、医疗等各条战线上。

海安支教宁蒗，老师们克服重重困难，留下了一个个感人肺腑的典型事迹。他们中有忠孝两全、带着父亲去支教的朱朝书老师；有被称为"最牛支教钉子户"、支教长达15个年头的丁爱军和蒋蓉夫妇；有家访走遍大山、资助学生10多万元的李忠东、徐爱辉老师。宁蒗支教群体先后获得全国民族团结进步模范集体、全国脱贫攻坚先进集体、江苏省文明新风集体、江苏时代楷模、江苏民族团结最美人物等荣誉。

## 宁蒗支教的经验体会、启示及建议

开发西部，实施智力脱贫。34年的支教工作充分表明，学习贯彻落实习近平总书记关于新时代扶贫攻坚工作的重要论述，认真贯彻落实中央、省市各级党委关于扶贫攻坚工作的决策部署，推动民族团结事业，促进东西部地区全面协调发展，构建社会主义和谐社会，发达地区责无旁贷，海安的教育工作者更可大有作为。教育是社会发展的基石，教育公平是社会公平正义的基础。要改变西部民族地区落后面貌，帮助少数民族同胞脱贫致富，提高当地基础教育水平、实施智力脱贫首当其冲。

领导重视，强化顶层设计。海安市委、市政府把做好宁蒗支教工作，促进脱贫攻坚作为当前最重要的政治任务之一。两地党委政府主要领导、分管领导常来常往，深入调研宁蒗支教的现状，解决一线教师支教工作中的问题，看望慰问在宁支教的老师。海安市委、市政府对此专门出台优先政策，34年来，市财政为此累计投入近千万元。同时，想方设法地帮助支教老师解决工资待遇、家属就业、子女入学等后顾之忧，让老师们能够安心支教。两地党委政府领导的高度重视和顶层设计，推动了宁海合作从普通高中走向职业教育，从办好民族中学走向办好海安班，从教育合作拓展到经济、人文、旅游等各个领域的合作。形成了有效的宁海模式，产生了巨大的宁海效应，带动了当地经济和社会发展，促进了各民族团结和全面振兴。

改进方式，提升辐射效益。群体支教是一个不断探索、发展的过程。宁海教育合作深度推进，结出累累硕果。

一是教育扶贫先扶智，着力提升当地教育教学水平。老师们克服水土不服、语言不通、当地人排斥等难题，在办学第二年就以耀眼的教学成绩在当地扬名。34年来，该群体为宁蒗培养2万多名初高中生，其中1万多名学生考入大中专院校。宁蒗从教育弱县成为全国民族教育先进县。

二是教育扶贫必扶志，着力推动当地社会文明进步。在宁蒗开展教育科研、名师课堂、校长论坛、跟岗培训等活动，通过青蓝工程、师徒结对等形式提高当地教师素质，将先进的教育理念传播到宁蒗及周边县市。除了课堂教育，同样重视学校的社会教育职能，让孩子们树立远大理想，通过家访、建立家长委员会等形式开展家长教育，让村民们逐步认同知识就是力量、勤劳创造未来等思想，学校成为乡村健康文化的辐射源。

三是教育扶贫更扶业，着力培养技术人才促进发展。近15年来，海安在宁蒗开展职业教育，近年来更是在海安开设宁蒗中专班，为宁蒗培养出大批技能人才，走出去的大中专院校毕业生不少回乡就业创业，科技、人才成为推动当地经济发展的重要推手。

拓展空间，丰富支教内涵。进一步挖掘34年支教工作的内涵，充分发挥其影响力，积极拓宽教育扶贫的空间，提高教育扶贫的效益，在这方面，"宁海模式"具有重要的示范价值。近年来，海安循着宁蒗支教的思路，先后与新疆伊宁、西藏拉萨、陕西略阳、广西东兰、贵州独山、江苏建湖等地区展开了全方位、多种形式的教育支援合作。宁蒗支教老师优秀事迹及其精神品质更是教体系统进一步加强师德建设的宝贵资源，是促进海安教育事业持续高位走强的重要精神动力。

教育部教师工作司供稿

# 大山深处奏响教育合作凯歌

## ——江苏海安和云南宁蒗的 32 年教育结对之路

◎ 郑晋鸣

这是一件看似很平凡的事情。

32 年前,一群江苏海安人来到云南省丽江市宁蒗彝族自治县创办了一所学校,当上了成千上万少数民族儿女的"舅舅",由此开启东西部教育合作的先河。

32 年的坚守,10 批次、281 名"海安舅舅"不仅培养了许许多多大学生,更激发起当地少数民族群众那股奋然为之的精气神。这种教育资源的放大,凸显了教育的本质,带动了当地经济和社会的发展,促进了各民族的团结进步和全面振兴。

## "宁海之约":治穷先治愚,木材换人才

对 32 年前的宁蒗,"愚"和"穷"就像一根绳索上的两个活结,彼此牵缠。宁蒗人知道,治穷先治愚,只有教育带来的改变,才是

最根本最持久的。于是，一场东西部教育合作的"宁海之约"顺势而生。

宁蒗俗称"小凉山"，地处滇西北横断山脉中段，平均海拔2800米，全县26万人口，有彝、汉、纳西、普米等12个民族。记者一行从丽江机场驱车到宁蒗，走了3个小时的山路，一侧是高山峭壁，一侧则是万丈深渊。长久以来，贫穷和落后，就像这条弯弯绕绕的山路，紧紧缠绕着宁蒗人的身心。

宁蒗的贫困有其特定历史因素。新中国成立前，这里还是一个以奴隶制为主体，封建领主制、原始共耕制和母系制等多种社会形态并存的多民族聚居地，长期停留在刀耕火种、游牧游耕的生产状态，无人识得汉字，很多人甚至连彝文也不识。新中国成立后，宁蒗"一步跨千年"进入社会主义社会，但由于没有先进的知识和文化，和其他地区差距越来越大。

宁蒗的教育更是起步晚、质量低。"从前宁蒗历年中考平均分与丽江周边县相差有100分，高考录取分数即使有30分的民族照顾分，也出不了一个大学生。"宁蒗教体局有关领导介绍，那时宁蒗中高考成绩常年在丽江地区各县垫底。

"扶贫先扶智，治穷先治愚。"时任宁蒗县委书记阿苏达岭觉得，为官一任，想的应当是造福一方长久的好事。他深谙教育的重要性，当即狠下决心："要从根子上治穷，绝不能让子孙后代再穷下去！"

经过一番实地考察，阿苏达岭"挑中"了8000里外教育居江苏省领先水平的海安县（今海安市）。当时，海安急需用于教育硬件建设的木材，双方于是一拍即合，达成了"木材换人才"的"宁海之约"：海安派优秀师资力量全权接管一所学校，宁蒗则以优惠价格为海安提供紧缺木材。

于是，由宁蒗投资100万元、由海安选拔33名骨干教师，以宁蒗、海安两县县名第一个字命名的"宁海中学"正式成立。1988年8月25日，35名海安教师拖家带口近百人，踏上了8000里外的支教之路。四天三夜，车至宁蒗，老师们已疲惫不堪。

梅德润被海安县教育局点将，担任宁海中学首任校长。他告诉我们，刚来宁蒗的那段日子，终身难忘，提起来满腹心酸："来到这里的第二天就遇到泥石流，直接冲进我们当时住的木板房，我和老婆用身体死死顶住门框也没有用，眼睁睁看着被褥行李全都泡在里面。"

为了保证按时开学，梅德润一声令下，大家用铁锹铲、用锄头挖、用手搬，"很多同志手臂震得疼痛酸麻，鞋底也被铁锹割成了两半"，在梅德润看来，比起在家乡海安教书，这支队伍有着更为艰巨而重要的任务。

住着用木板隔开的简易宿舍、喝着用塑料管从山上接来的浑泥水、常常因变压器跳闸没电而吃了上顿没下顿、承受着"海安的教师管不了民族学生"的质疑……一位老师在日记中写道："抬头是无尽的山，低头是泥泞一片，只是想家，想家，可最终还是想到了此行的责任。"作为支教队伍里唯一的单身女教师，刘卫琴当时年仅24岁，之所以选择来吃苦，她说自己坚信，"只要面对学生，我就朝气蓬勃，就能体验到人生的全部价值"。

心之所愿，无所不至。历尽千难万苦，宁海中学正式开学，宁蒗教育的蝶变之路也由此开启。跟随教育和地区发展的步伐，1993年，海安抽调骨干加强宁蒗民族中学高中部、2006年开启"订单式"职业技能培训合作模式、2016年集中力量开办海安班……32年，从基础教育拓展到职业教育再到其他领域，"宁海之约"已发展成为卓有成效的"宁海模式"。

## "海安舅舅"：走出一名大学生，脱贫一个小家庭

32 年间，海安的骨干教师从黄海之滨前赴后继奔向小凉山，把爱和知识播撒在大山深处。他们怀抱立德树人的教育理想和满腔热情，带领大山里的孩子纷纷走进课堂，拿起书本，让 2 万多名初高中生、1 万多名大中专生走出了大山。宁蒗人深深领会到，知识改变命运，点亮出彩人生。

老书记阿苏达岭曾在全县干部会议上说："海安教师是我们宁蒗 12 个民族的亲人，是我们孩子的舅舅，是我们各族人民的舅舅！"在宁蒗家庭，舅舅享有最高的敬畏和尊重，一声"海安舅舅"背后，是宁蒗人民对海安教师的最大肯定。

景宝明是第一批踏上宁蒗大地的海安教师，初至宁蒗，当地的教育环境和学生素质令他十分惊讶，更深感使命之重大，在他心里，宁蒗教育的变革，要从每一个来到这里的教师做起，让改变在每一个微观过程里发生。

1990 年，来到宁蒗的第三个年头，景宝明的妻子丁林秀突然病倒了，到医院一检查，竟是食管癌晚期！捧着片子，景宝明的眼泪瞬间淌了下来，在他心中，妻子随他远离家乡扎根宁蒗已是大义，可自己"说好陪她去看医生，却因为工作太忙一拖再拖"。为了让妻子安心接受治疗，景宝明把她送回了江苏老家，一面停课悉心照料妻子，一面无时无刻不惦记着 8000 里外的孩子们。

学生们听闻景老师家事，自发捐起款来，三毛、五毛、一元、两元……一张张纸票堆起来竟有1200多元。要知道，在当时的宁蒗，1200元足以供一个家庭生活两三年。拿到滚烫的募捐款，景宝明双手颤抖，心中百感交集。

此心安处是吾乡。在妻子丁林秀心中，宁蒗不仅仅早已成为丈夫的心灵归属，也成了她的第二个家，宁蒗的山里娃，就是他们的孩子。她不断催促景宝明赶快返回宁蒗。在妻子的理解和支持下，景宝明踏上"回乡"之路。而这一别，成了他和妻子的永别。

朱朝书是带着一家人到宁蒗支教的。1995年，当时的朱朝书担任高三班主任，年过七旬的父亲在老家患病住院，他心急如焚，但高考在即，复习备考一刻不得放松，只好托妻子回乡照料。

"到宁蒗去！"为了让儿子安心支教，病情稍好，老父亲便打算跟着儿媳回宁蒗。朱朝书起初坚决反对，害怕老父亲一路折腾再耽误了治疗。"我一天能吃一碗饭，我能行！"说着宽慰的话，老人临走前却偷偷把自己终老的寿衣塞进了行李。长途颠簸、气候反常，老人到了宁蒗便一病不起，短短11天便离开了人世。

学生们听闻消息，不约而同地抱着火葬用的木材，翻了两座山为老人送行。朱朝书说，他的父亲，永远留在了"小凉山"，他现在所有的牵挂都在宁蒗了。

还有，连续5轮支教的"最牛支教钉子户"丁爱军蒋蓉夫妇、筹集18万元设立专项奖学金的徐爱辉、为常年饱受"疥疮"之苦的全校女学生申请医药费的郑建华、孙亚琴……每一个"海安舅舅"背后，都有动人的故事，他们为大山深处带来知识、带来思想、带来希望，改变了一个又一个家庭的命运。

◆ 支教老师与各民族学生合影

　　1985年出生的彝族小伙子杨克干，如今已是民族中学的德育室主任。"如果没有海安老师，我和姐姐们可能还在放牛呢！"杨克干还有4个姐姐，大姐、二姐没读过书便早早嫁了人，海安老师来了以后，三姐、四姐都考上了中专，毕业后也找到了很好的工作。

　　作为宁蒗12个少数民族之一的普米族，新中国成立前，3800多名族人中只有一人学过汉文，却也只是听得懂说不出。而2020年，距离宁蒗县城80公里巴珠村的一对普米族姐妹花杨志秀、杨志春，竟同时考上了大学，成了族里的稀罕事。姐妹俩一个被重庆大学土木工程专业录取，一个超了二本线24分。

　　"上大学是她们改变命运的机会，也能带我们看看外面的世界。"一下子出了两个大学生，从未走出大山的一家人生活有了希望，未来有了奔头。

32年间，281名海安教师累计培养了2万多名合格的初高中毕业生，输送了1万多名大、中专生，其中有9名市高考状元和6名市中考状元。在海安教师的教育引导下，曾经贫穷落后的宁蒗成为云南教育的标杆，无数少年因知识改变了命运，从放牛娃成长为社会的中流砥柱。

## "宁海效应"：把自强刻进骨头，用奋斗成就未来

海安教师不仅仅推动了宁蒗教育的发展，他们更拓展了"宁海模式"为"宁海效应"，改变了一个地区的生活方式，让宁蒗人从此更有精气神，凝聚起奋发向上的力量；让宁蒗从此有了内源式发展的"发动机"，在脱贫致富的道路上，行稳致远。

1989年，宁海中学创办后的第一次中考，人均考分、升学率全县第一的成绩让宁海中学一炮打响。当时师资力量最强的宁蒗第一中学校长甚至下达动员令：绝不能让一中落后宁海中学。自此，宁蒗教育系统"好戏连台"，全县各校纷纷自加压力，学习、借鉴、效仿"宁海模式"的成功经验，形成了教学研争先创优、你追我赶的浓厚氛围。

读书去！到宁海中学读书去！一股竞相读书的风气在宁蒗兴起。教育的竞争，带来的不是冲击，而是清晰的发展方向。自古以来第一次，家家争着把自己的孩子往学校送。

教育是一个国家和民族的未来，是民族振兴和社会进步的基石。宁蒗人把重教崇教融入血脉里、落到言行中，寻找到了阔步前进的自信和动力。海安教师给宁蒗带来的不仅是教育，更是一种精神，

他们的风范、品格、胸怀，整整影响了宁蒗一代人。

首批海安教师刚到宁蒗，震惊于当地师生的疲惫状态，立时将海安工作的作息习惯搬到了宁蒗。鼓励学生6点起床上课，21点晚自习下课；班主任每天第一个到教室，最后一个离开……学生生活作息的改变，带来一个家庭作息的改变，海安教师对待教育的一丝不苟的敬业劲儿，也使得宁蒗当地各行各业的工作者纷纷效仿。

宁蒗人说："江苏的教师早晨起得最早，晚上睡得最晚，他们改变了我们的时间观念，早上把宁蒗的时钟往前拨了2个小时，晚上的时间往后拖了2个小时。"

宁蒗县里一位领导是宁海中学的第一批学生。"如果不是海安的老师，我很可能一辈子就困在山上下不来，更不会有现在。"该领导告诉记者，山上下来的孩子很调皮，上课从来不认真听讲，整个班级无论上课下课总是吵吵嚷嚷，海安老师的到来让这一切都发生了变化。

"印象最深的就是有位老师弄伤了3根肋骨，当时大家都想着可以不用上课了。没想到，老师一天都没休息，一边打着绷带，一边给我们讲课。"原本吵吵嚷嚷的教室变得连根针掉下的声音都能听到。那个场景，自己一辈子也忘不了，自己第一次感受到人是有精神支撑的。

1990年曾就读于宁海中学的杨才华，深深记得海安老师的负责、那种不一般的负责。

"上学时候早晨天没亮，老师就在门口等着我们，数一数有没有学生没到。"杨才华回忆，"在那个年代，没见过那样的老师，太特别了！"

因为高考志愿没填好，杨才华错过了自己心仪的学校，不得不外出打工，但在打工期间，海安老师说过的"知识才能改变命运"这句话深深刻在他的脑海中，挥之不散。不甘心的杨才华重新拿起课本，并通过成人高考考进了西南政法大学。"可以说，遇到海安老师是我这辈子最幸运的一件事。"

奋然为之，亦未必难。披肝沥胆、呕心沥血的海安教师，成功修建了一条教育高速公路，这条路通往宁蒗的每家每户，通往每一个宁蒗人的脑子里。

随着越来越多学子命运和当地精神面貌的变化，宁蒗百姓的观念彻底扭转了。"勤奋、敬业、负责任，工作一丝不苟，海安教师带给当时宁蒗一中，还有各中小学，甚至整个地区巨大的影响。老百姓都知道，这是唯一的出路，是希望所在。"阿苏达岭说。

一所学校的办学意义远不止对教育的影响。这群海安教师，消除了疑虑、振奋了精神，办学成效已远远超出了学校教育。他们用先进的教育理念给宁蒗带来了新观念、新思维、新气象，用超前的智慧在荆棘中开拓出文明之路，用博大的爱心在荒原上立起精神丰碑。他们独树一帜的大爱和智慧、精神和业绩，将永久载入中国教育的史册！

◆ 记者手记

## 教育开启智慧之门

脱贫既要富口袋，也要富脑袋，再苦不能苦孩子，再穷不能穷教育。从"宁海之约"发展为"宁海模式"，再到产生"宁海效应"，是观念上的进步，也正是激活了竞争机制的结果。宁蒗教育由长期在低谷徘徊一跃成为连年稳居全丽江第一方阵，对全市乃至全省的民族教育都产生了冲击波和催化剂的效果。

重视教育、发展教育在宁蒗蔚然成风。16年前，第四轮支教的王加云、陆瑞华夫妇，结束了在宁蒗3年的支教生活回到了海安。2019年，夫妇二人再次来到了宁蒗加入了第十轮支教队伍。他们惊喜地发现，很多同事都是他们的学生。

王加云15年前教过的学生杨学英就坐在斜对面。杨学英感慨，15年前的她很难相信，那句"长大后我就成了你"会真实地在她身上发生。同样也是王加云的学生熊辉，大学毕业后，毅然回乡走上三尺讲台，接过接力棒，"我选择回到家乡，是希望能有更多的孩子飞到更高更远的地方"。

自此，宁蒗人深知，只有撸起袖子加油干，才能拥有光明未来。教育的发展和进步，促进了全县人口素质的整体提高，激荡起宁蒗孩子青春的梦想，带动了贫困县经济社会的快速发展，"宁海效应"从教育领域延伸向更加宽广的文化领域和经济领域，"宁海模式"的内涵也有了新的发展。

近年来，已陆续有一万名走出大山的学子毕业后回到家乡，他们传承支教精神，承担起建设、管理宁蒗的重任，在当地经济、社会各领域大显身手，成为宁蒗全面脱贫奔小康的中坚力量。

走在脱贫路上的宁蒗，搭上了中华民族共同体的快车，开始奔跑在全面建成小康社会的现代化建设大道上。据悉，全县财政收入从1988年的696万元到2019年的3.1亿元，增长了44倍；人均纯收入从1988年的197元到2019年的19360元，增长了97倍。

党的十八大以来，宁蒗宁海民族中学和海安班共培养了大中专毕业生 7454 人，近 3 年里有 5 名学生考入清华大学、北京大学。2020 年，海安班全班 45 人参加高考，仅 1 人差一本线两分，其他全部达到一本线。

群山阻隔，阻挡不了宁蒗发展奋进的步伐；大江横断，阻断不了宁蒗各族人民渴求幸福的希望。教育打开了这个民族上千年来的闭塞之门，开启了他们的智慧，更助推了各民族的进步与发展。

《光明日报》2020 年 9 月 6 日

# 久久为功育桃李
# 八方支援见真情

## ——记 2021 年"最美教师"滇西支教团队

◎ 刘博超

2021年2月，习近平总书记庄严宣告，我国脱贫攻坚战取得了全面胜利。作为我国边境县和世居少数民族最多的原集中连片特困地区，滇西片区底子薄，扶贫扶智对社会发展具有基础性作用。"一步跨千年"背后，一批批优秀的支教团队来到滇西，改变了当地的教育面貌。从连续33年支援丽江宁蒗彝族自治县的江苏省海安市教师团队，到教育部2020年9月启动的怒江教育帮扶团队，支教为滇西边远地区的教育打开了一扇窗，改变了许多贫困学子的命运。

### 从"木材换人才"到"海安舅舅"

十年树木，百年树人。海安与宁蒗的缘分从树木始，终归树人。1987年秋，时任宁蒗县委书记阿苏达岭率团到海安学习考察，深感于两地教育水准的差距。此时，沿海地区开放正在如火如荼地开展，位于东海之滨的海安县（今海安市）缺乏建设用木材，一份"以木材换人才"的支教协议就此签订。

1988年8月，首批35名支教教师拖家带口来到几千里外的小凉山地区，参与建设以宁蒗、海安两县县名第一个字命名的"宁海初级中学"。到达的第二天，奔腾的泥石流倾泻而来，冲垮了堤坝，冲进了操场，冲进了老师们暂时栖身的木板房，被褥行李全都浸泡在一尺多深的泥浆里。一位年轻老师在日记中写道："十几个人挤一间住房……抬头是无尽的山，低头是泥泞一片。只想家，想家。可最终还是想到了此行的责任。"

支教老师行动起来，手挖肩挑，挥汗如雨，清理学校内的淤泥，购来木头搭建临时教室、饭堂。临时住地没有水，饮用水都靠蹚沟越坎从数百米外一桶一桶抬回；宁蒗海拔高、沸点低，饭煮不熟，老师们常常以土豆充饥；语言不通，无法交流；初一新生的基础还达不到海安四年级小学生的水平，不少人连四则混合运算都不会。很多学生学习态度不端正，上课时抽烟、吃东西、不服管教的现象时有发生；风俗习惯禁忌和家长的不信任更是支教教师面前的一座大山……

海安老师们首先从管理入手，制定出台了严格的规章制度，推行年级组长管理制、教师岗位目标责任制、骨干教师把关制，学校各项工作有条不紊地开展起来。管理严起来了，问题也接踵而来。海安团队准备禁烟，当地老师说："刹不得！彝族谚语说，'烟为子孙烟，吸烟子孙旺'，你要禁烟，不是断人家香火吗？"在当地教育局领导支持下，海安老师设立举报奖惩制度，成立禁烟小分队，张贴禁烟倡议书，组织辩论赛、征文活动，并且带头不在校园吸烟。渐渐地，校园里再也看不到学生吸烟了。

支教老师的爱心，群众看在眼里、记在心上。连续4次支教的蒋柏森，只要少数民族教师家中有红白事，就一定登门看望；前后5次支教的丁爱军、蒋蓉夫妇把自己在宁蒗的宿舍改造成了贫困学生的"家"，经常为民族学生"开小灶"；教导主任间祥泰放弃休息时间，常年免费帮助少数民族群众修理电器；李培余老师寒夜里为白族学生阿秀英送去温暖的棉被；田宝山老师将快要辍学的普米族孩子卢玉明接回家里，包吃包住；周政老师连夜摸到被父母逼婚停学的彝族姑娘刘代金家，送上了师生802元捐款，并苦苦说服家长让孩子完成学业……

33年来，先后有10批次、285人次，共216名海安老师来到宁蒗支教。海安支教老师让一批又一批山里的孩子走出大山，累计培养两万多名合格的初高中毕业生，输送1万多名大、中专生，其中有9名市高考状元和6名市中考状元。在当地的少数民族群众口中，海安支教老师从"江苏佬"变成了"海安舅舅"。

## 名师支援决胜脱贫攻坚

云南省怒江傈僳族自治州位于云南省西北部，地处中缅边境、滇藏接合部，是"三区三州"中贫困发生率最高的州，集民族、山区、边境、贫困、边缘、散居于一体，98%以上的面积是高山峡谷，致贫原因复杂。"十三五"期间，怒江州校舍面积增加57.86万平方米，校园实现网络全覆盖，所有县市通过国家义务教育均衡发展评估验收。全州实行从幼儿园到高中 14 年免费教育，适龄儿童少年因贫失学辍学成为历史。

硬件差距的抹平凸显出真正棘手的核心问题：功能教室有了，上课的教师很多学校没有；信息化设备配上了，很多教师不会用、不常用、不爱用；教室桌椅更新了，一些教师的教学方法还是旧的一套；辍学学生是找回来了，但很多教师教不了，影响了课堂。

进入 2020 年，脱贫攻坚进入决战决胜阶段。2020 年 10 月，教育部决定实施名师领航工程怒江支教行动。来自全国 23 个省市，由首期名师领航工程名师工作室精心挑选出来的 60 名支教教师从祖国各地奔赴怒江。名师领航工程怒江支教行动前后两学期共两批，第一批 60 人，第二批 54 人。平日里常常作为受援地身份出现的中西部民族地区，如新疆、西藏、宁夏、内蒙古、广西、贵州、甘肃等地都派出了自己的支教老师，民族大团结在怒江支教行动上充分呈现。

"入选名师领航工程的老师都是各地各校的业务尖子和佼佼者。通过自愿报名，很快就达到了校均 3 人的基本要求。"名师领航工程相关负责人介绍。在各两个学期共 100 余人次的支教教师中，有名师领航工程工作室主持人 7 人，其他成员中也有多名特级、省名师或者候选名师。有夫妻俩或者带孩子举家前往的，有夫妻接力的，也有原定支教时间结束后主动请缨接续甚至表示有需要就留下的。"在自己学校都是骨干，在自己家里都是脊梁，佳话背后，更多的是一种情怀，是一种大爱，是责任和付出。"该负责人表示。

《关于加快推进乡村人才振兴的意见》提出："改革完善'国培计划'，深入推进'互联网＋义务教育'，健全乡村教师发展体系。"

乡村人才振兴，端赖教育。而教育需要爱心，也需要帮扶对接的长效机制。教育部教师工作司依托"国培计划"名师名校长领航工程在怒江、凉山地区开展教师核心素养提升的支教送教综合行动，依托中央电教馆等单位推进的教育信息化建设，依托海淀教师进修学校等单位推进的教师发展中心建设，依托三大校园长中心和当地高校推进的精准培训和精准帮扶，为乡村教师发展体系提供了教育帮扶的"怒江模式"。

"君住长江头，我住长江尾。同饮一江水，我们心连心！"这是开学第一课上第十轮海安宁蒗支教领队、云南宁蒗民族中学副校长陶长江给学生上课讲的第一句话，也是滇西支教团队久久为功背后的内心写照和深远动力。

《光明日报》2021 年 9 月 12 日

视频·链接

最美 2021 教师
ZUIMEI JIAOSHI

# 中央宣传部、教育部发布2021年"最美教师"先进事迹

为深入学习贯彻习近平总书记关于教育的重要论述，发掘宣传基层优秀教师典型，展示广大教师时代风采，大力弘扬尊师重教良好风尚，在第三十七个教师节到来之际，中央宣传部、教育部向全社会公开发布2021年"最美教师"先进事迹。

肖向荣、万步炎、林占熺、万荣春、赖勋忠、陈明青、张莎莎、马建国、次仁拉姆、王隽枫等个人和滇西支教团队，都是来自教育一线的教师和群体。他们中既有用文艺讲好中国故事的艺术领域教师，也有培养能工巧匠、大国工匠的职教教师；既有奋战在乡村振兴一线的乡村教师和支教教师代表，也有致力于攻克"卡脖子"难题的领军人才教师典型……他们涵盖了高教、职教、中小学、幼教、特教等各级各类教育，师德表现和教书育人实绩突出、事迹感人，具有广泛的代表性和示范性，充分展示了教师队伍有理想信念、有道德情操、有扎实学识、有仁爱之心的良好精神风貌。

发布仪式现场播放了"最美教师"获得者先进事迹的视频短片，

视频·链接

◆ 2021年9月10日，中宣部、教育部向全社会公开发布2021年"最美教师"先进事迹。左起：陈明青、万步炎、肖向荣、次仁拉姆、马建国、林占熺、王隽枫、万荣春、赖勋忠、张莎莎

从不同侧面采访讲述了他们的工作生活感悟。"最美教师"获得者表示，他们将赓续百年初心，弘扬伟大建党精神，切实担当为党育人、为国育才的光荣使命，努力成为"四有"好老师和"四个引路人"，做学生为学、为事、为人的示范，努力培养堪当民族复兴大任的时代新人。

新华社北京 2021 年 9 月 10 日电

《闪亮的名字——2021最美教师》发布仪式，中央广播电视总台，2021年9月10日